LES BEAUTÉS DE LA COUR

COMÉDIE-VAUDEVILLE EN DEUX ACTES

PAR MM. ALBOIZE ET BERNARD LOPEZ

Représentée pour la première fois, à Paris, sur le théâtre des VARIÉTÉS,
le 19 avril 1849.

Prix : 60 centimes.

PARIS

BECK, LIBRAIRE
RUE GIT-LE-CŒUR, 12
TRESSE, successeur de J.-N. BARBA, Palais-National.

1849

LES BEAUTÉS DE LA COUR

COMÉDIE-VAUDEVILLE EN DEUX ACTES,

PAR MM. ALBOIZE ET BERNARD LOPÈZ *de Roberts*

MISE EN SCÈNE DE M. OSCAR

Représentée pour la première fois, à Paris, sur le théâtre des VARIÉTÉS,
le 19 Avril 1849.

PERSONNAGES.	ACTEURS.
LE MARQUIS DE SAINT-EVREMOND, gentilhomme français.	MM. LAFONT.
CHARLES II, roi d'Angleterre	P. LABA.
BRIQUET, exempt, attaché comme valet au marquis	GALLIN.
TOM, garçon de taverne	EUGÈNE.
UN MATELOT	ERNEST.
UN BOURGEOIS	RUÉAL.
NELLY, marchande d'oranges	Milles DELORME.
LADY MAC GRÉGOR, dame de la cour	BOISGONTIER.
LADY CLEVELAND, idem	MICHALET.
LADY RIVERS, idem	CÉNAU.
LADY CHESTERFIELD, idem	HERMANCE.
LA DUCHESSE DE PORTSMOUTH, idem	PAZZA.
MISS STUART, idem	VOLBERT.
MISS WELLS, idem	MARIANI.
UN PAGE	HORTENSE.
BOURGEOIS, MATELOTS, UN PAGE	

*L'action se passe en 1667, au premier acte, à Londres, dans une taverne ; au deuxième acte,
au château de Windsor.*

ACTE PREMIER.

Le théâtre représente le jardin d'une taverne ; bosquets, tables, chaises ; à droite, un corps de logis, avec fenêtre praticable au dessus de la porte ; à gauche, au deuxième plan, un poteau, lanternes supportées par des statues. (Indications prises du spectateur.)

SCENE PREMIERE.

BOURGEOIS ET MATELOTS, *buvant et fumant,*
puis LADY CLEVELAND, *en tavernière, ensuite*
SAINT-EVREMOND ET TOM.

CHŒUR.

Air :

> A boire ! (*bis.*)
> C'est notre gloire !
> Notre bonheur de marins et d'Anglais !
> Lorsque la bière
> Remplit mon verre,
> Cela suffit à remplir mes souhaits.

UN BOURGEOIS, *frappant sur la table à droite.*
Holà ! la tavernière, un flacon d'hydromel !

LADY CLEVELAND, *sortant du corps-de-logis.* A
l'instant !

DEUXIÈME BOURGEOIS, *au fond à gauche.* Une
pinte de bière d'Écosse !

LADY CLEVELAND. Tout de suite.

TROISIÈME BOURGEOIS, *au fond à droite.* Une
bouteille de wisky !

LADY CLEVELAND. Attendez, de grâce, Messieurs,
Tom va vous servir. (*Appelant.*) Tom ! Tom !
(*Tom entre par le corps-de-logis et sert.*)

SAINT-EVREMOND, *entrant par le fond à gauche,
un billet à la main* *. A trois heures, à la taverne
des *Armes du roi*, à côté du théâtre de Drury-Lane..
c'est bien l'heure, et c'est bien la taverne.

LADY CLEVELAND, *à part, apercevant Saint-Evremond.* Que vois-je ? Lui ! lui ici ! (*Elle rentre vivement dans la taverne.*)

* St-E. L. Cl.

SAINT-EVREMOND. Que signifie ce billet? c'est pour moi une énigme..., mais Briquet, sans doute, ne tardera pas à m'en donner le mot,

TOM, *s'approchant de Saint-Evremond* [*]. Que faut-il servir à votre seigneurie ?

SAINT-EVREMOND. Rien... j'attends quelqu'un... Ah ! si fait , donne-moi une plume et de l'encre. (*Tom sort.*) Et achevons mon épître à ce cher chevalier de Grammont... c'est comme moi , un fou des plus sages, ou du moins un sage des plus fous ! (*Tom apporte au marquis de quoi écrire, le pose sur une table à gauche et sort; Saint-Evremond s'assied et écrit.*)

« Il n'est qu'un chevalier au monde,
« Et que ceux de la table ronde... »

Pardieu, je suis heureux de me retrouver encore poète ; je commence à passer pour philosophe... mais que n'ai-je pas été dans ma vie !... homme d'épée avec le prince de Condé, homme de plume avec le cardinal Mazarin... et maintenant , à la cour de Charles II , chargé de la mission la plus étrange... la plus délicate !... Avouez aussi, mon cher marquis , que vous êtes un gentilhomme hardi... vous avez adressé vos hommages à mademoiselle de Flavigny, quand Louis XIV lui-même courtisait cette fille d'honneur !... témérité qui vous coûte assez cher !.. Votre rival couronné s'en aperçoit, et, pour vous punir d'avoir voulu séduire une de ses maîtresses, le roi de France vous condamne à aller séduire toutes les maîtresses du roi d'Angleterre... et cela dans l'intérêt de la France, comme dit ce scélérat de Briquet... mais je ne l'aperçois pas encore... (*En ce moment, entre par le fond à gauche, Charles II, déguisé en dragon.*)

SCENE II.

SAINT-EVREMOND, CHARLES II, BOURGEOIS, MATELOTS, *puis* TOM.

CHARLES, *à part* [**]. Voilà bien l'heure où d'ordinaire Nelly vient vendre ses oranges à la taverne... elle ne peut tarder... personne ne me connaît ici... Holà ! Tom !

TOM, *accourant de la taverne* [***]. C'est vous, monsieur Dickson !

CHARLES [****]. Un verre de genièvre ! (*Tom sort. Charles va s'asseoir à la même table que Saint-Evremond. A part.*) Que vois-je ? le marquis de Saint-Evremond !...

SAINT-EVREMOND, *à part, se levant vivement et se découvrant.*) Est-ce possible ! Charles II ! (*Charles lui fait signe de se taire. Il remet son chapeau.*)

[*] St-Ev. T.
[**] St-Ev. C.
[***] St-Ev. C. T.
[****] C. St-Ev.

TOM, *revenant et servant Charles* [*]. Voilà , monsieur Dickson ! (*Il sort.*)

SAINT-EVREMOND [**]. Quoi ! vous ici !... vous, Sire !

CHARLES. Plus bas... je ne suis dans cette taverne que Dickson le dragon. (*Ils se lèvent tous deux et viennent sur le devant de la scène.*)

SAINT-EVREMOND [***]. Et quel caprice si étrange?

CHARLES. Ce n'est pas un caprice... c'est une passion... oui, une véritable passion pour une fille du peuple...

SAINT-EVREMOND, *à part.* Qu'est-ce que j'entends là ?.. tâchons de l'en détourner... ma besogne va devenir trop rude. (*Haut.*) Comment , votre majesté oublie ainsi la ravissante lady Cleveland ?

CHARLES. Elle est si coquette ! si volage !

SAINT-EVREMOND. Et la belle miss Stuart ?

CHARLES. Elle est si vindicative !

SAINT-EVREMOND. Lady Rivers ?

CHARLES. Elle emploie tant de ruses et de stratagèmes !

SAINT-EVREMOND. Mais toutes ces autres beautés dont vous avez réuni les portraits dans votre fameux boudoir de Windsor ? la duchesse de Portsmouth, lady Chesterfield, miss Wells...

CHARLES. Eh ! mon Dieu ! elles ne sont toutes à mes yeux que différents exemplaires du même ouvrage... Oui, toutes de grandes dames ou de nobles demoiselles... s'il y a quelque différence entre leurs caractères, il n'y en a pas entre leurs allures, leurs manières et leur langage. En leur faisant la cour, j'ai rencontré chez chacune d'elles la même affectation d'orgueilleux scrupules, la même hypocrisie de résistance et enfin le même empressement à céder. Elles m'ont accordé leurs faveurs avec une telle facilité, que bientôt la satiété et le dégoût devaient suivre la possession... et le désenchantement succéder au désir ! Pouvais-je croire, d'ailleurs, qu'elles aimaient autre chose que ma puissance et ma couronne, quand il me fallait sans cesse répondre à l'avidité de l'une, en lui permettant de puiser à pleines mains dans les coffres de l'État ; ou bien satisfaire à la vanité de l'autre , en la parant de quelque titre sonore? Comprenez donc, mon cher marquis, que j'aie voulu une fois dans ma vie être aimé non comme un prince, mais comme un simple mortel... être aimé non pas pour mon rang, mais pour moi-même... Et ce bonheur si ardemment désiré, ce bonheur pour lequel j'aurais donné le plus beau fleuron de ma couronne, je le tiens, Marquis, je l'ai trouvé... Oui , grâce à ma petite Nelly, qui ne me connaît que comme un dragon, je suis bien plus heureux qu'un roi... je suis heureux comme un gueux !

SAINT-EVREMOND. Que m'avouez-vous , Sire?...

[*] C. T. St-Ev.
[**] C. St-Ev.
[***] St-Ev. C.

permettez-moi de vous dire que c'est une aberration, une extravagance!.. Aimer une orangère!.. ignorez-vous que, dans votre bonne ville de Londres, cette classe de femmes a la réputation d'être plus que légère... et je gage que les antécédents de votre Nelly...

CHARLES. C'est possible, Marquis... je ne veux pas le savoir. D'ailleurs, je vous demande un peu ce que nous ferions, vous et moi, d'une femme vertueuse?

Air de Julie.

Sous les haillons, Nelly, vive et folâtre,
A, certes, peu brillé par la rigueur!
Mais que m'importe à moi que l'idolâtre,
Quand je suis sûr de posséder son cœur!
Mon cher marquis, qu'importe la maîtresse!..
Pourvu qu'on ait l'amour, on a raison!..
Dites, qu'importe le flacon,
Pourvu qu'on y trouve l'ivresse!

SAINT-EVREMOND. Sire, vous m'étonnez de plus en plus! On assurait hier à la cour que vous aviez rendu vos bonnes grâces à lady Cleveland?

CHARLES. Ce n'était de ma part qu'une fausse réconciliation pour empêcher de soupçonner mes amours avec Nelly.

SAINT-EVREMOND. Je comprends.

CHARLES. Je ne me suis confié à personne jusqu'ici qu'à lord Rochester.

SAINT-EVREMOND, *à part.* Confident bien choisi... le plus grand bavard!

NELLY, *en dehors.* Des oranges de Malte et de Lisbonne! un penny l'orange!

CHARLES. C'est elle, marquis, c'est elle!

UN MATELOT, *assis à droite.* Entendez-vous?... c'est Nelly!

NELLY, *entrant par le fond à gauche.* Choisissez, Messieurs, un penny l'orange! (*A l'entrée de Nelly, Charles II et Saint-Evremond se sont rassis à la table de gauche.*)

~~~~~~

SCÈNE III.

LES MÊMES, NELLY.

NELLY, *portant un panier d'oranges* *.

Air du Retour des chansons.

Rien qu'un penny! ce n'est cher pour personne!
Achetez donc de ces oranges-là!
Choisissez-en de Malte ou de Lisbonne,
Ou bien encor celles de Malaga!
Pour vous vanter mes beaux fruits sans mélange,
Je vous dirai, tendres couples d'amants, (*bis.*)
Que dans la bouche, à l'instant, mes oranges
Fondent soudain, ainsi que vos serments.
Oui, dans la bouche, etc.

(*A part, apercevant Charles II.*) C'est Dickson...

* Ch. St-E. N. le matelot.

aujourd'hui enfin... c'est heureux! Attends, attends... à ton tour d'enrager! (*Haut, allant au matelot à droite.*) Etrennez-moi, mon beau matelot, un penny l'orange!

LE MATELOT. J'en prends deux.

NELLY, *le servant.* Voici!

LE MATELOT. Et je veux un baiser par-dessus le marché. (*Il se lève.*)

NELLY, *lui tendant sa joue.* Voilà!

SAINT-EVREMOND, *bas à Charles.* Mes compliments, Sire.

CHARLES, *s'élançant sur le matelot* *. Arrière, malotru!

LE MATELOT. Que signifie? à bas le dragon! à moi, camarades!

TOUS LES AUTRES BUVEURS, *quittant leurs tables.* A bas le dragon! (*Nelly se place entre Charles et le matelot.*)

LADY CLEVELAND, *paraissant à la fenêtre de la taverne* **. Quel est ce bruit? ah! quelle bagarre! (*Elle disparaît. Les gens du peuple vont se jeter sur le roi. Saint-Evremond les fait reculer en tirant son épée.*)

SAINT-EVREMOND. Lâches! dix contre un!... sortez d'ici, canaille!

ENSEMBLE.

Air :

LES GENS DU PEUPLE.
Punissons tant d'audace!
Ne faisons pas de grâce,
Lorsque deux insolents osent nous menacer!
A bas le téméraire!
A bas le militaire!
Nous avons nos deux poings, et nous savons boxer!
SAINT-EVREMOND.
Punissons tant d'audace!
Remettons à leur place
Ces manants qui voudraient ici nous menacer!
Allons, canaille, arrière!
Ou bien de ma rapière,
Si vous ne sortez pas, je vais vous traverser!
CHARLES.
Vit-on pareille audace!
Quel danger me menace!
A quel péril, ici, viens-je de m'exposer?
Mais avec sa rapière,
Pour me tirer d'affaire,
Le marquis galamment saura les disperser.
NELLY.
Ah! tout mon sang se glace!
Quel danger le menace!
A quel péril, ici, viens-je de l'exposer!
Faut-il donc qu'une affaire,
Cruelle et sanguinaire,
Devienne dans ces lieux la suite d'un baiser!
(*Les gens du peuple fuient par le fond, à gauche, devant Saint-Evremond qui les poursuit.*)

* St-Ev. N. Ch. le matelot.
** St-Ev. C. N. le mat. L. A.
~~~~~~

SCÈNE IV.

NELLY, CHARLES, *puis* SAINT-EVREMOND.

NELLY, *embrassant Charles*[1]. Ah ! quelle peur j'ai eue ! qu'alliez-vous devenir sans ce brave gentilhomme ?... mais vous ne méritez pas que je vous embrasse !... Expliquons-nous d'abord... pourquoi n'êtes-vous pas venu le jour avant avant-hier ?

CHARLES. La discipline.

NELLY. Et le jour d'après ?

CHARLES. La discipline.

NELLY. Et hier encore ?

CHARLES. La discipline.

NELLY. La discipline... la discipline... j'ai là une terrible rivale !

CHARLES. Vous n'en avez pas d'autres ; car si vous saviez combien je vous aime, vous, et tout ce qui vous appartient...

NELLY. Et moi aussi, je vous aime... plus que vous ne le méritez, méchant, qui reste trois jours sans me voir !

CHARLES. Maudite discipline !... nous allons réparer le temps perdu... j'ai ce soir une permission de dix heures !

NELLY. Ah ! c'est heureux ! (*Se reprenant.*) Non, c'est malheureux !

CHARLES. Comment ?

NELLY. Impossible d'en profiter, mon beau dragon... j'ai ce soir un autre rendez-vous.

CHARLES. Par exemple !

NELLY. A Drury-Lane ?

CHARLES. Au théâtre ?

NELLY. Oui... avec le directeur.

CHARLES. Eh quoi ! ces idées de vous faire danseuse vous reprennent encore ?

NELLY. Elles ne m'ont jamais quittées... Mais vous oubliez donc tout ce que j'ai fait pour y parvenir ?.. C'est pour cela que j'ai abandonné les montagnes de la principauté de Galles, mon pays... C'est pour cela que je suis venue à pied jusqu'à Londres, et que j'ai passé tant de mauvais jours et de mauvaises nuits, sans feu ni lieu.

CHARLES. Pauvre enfant !

NELLY. Eh ! mon Dieu ! oui ! Je vivais par miracle... je me chauffais par hasard... et je dînais par extraordinaire !.. Que dis-je ?.. dans une certaine circonstance, je ne sais ce que je serais devenue...

CHARLES. Comment ?

NELLY. C'était une fois, entre chien et loup... et il faisait un froid de l'un et de l'autre... Je n'avais pas avalé de la journée le moindre bouillon, faute du moindre penny... Pour toute nourriture, j'avais l'air du temps... composé de brouillard... Je me trouvais, je ne sais comment, sous

[1] N. C.

les arbres de Saint-James... quand, tout-à-coup, une dame vint à passer près de moi, parut deviner ma position, et me glissa dans la main une pièce de monnaie... Je crus d'abord que c'était un schelling... Je m'approchai d'une lanterne... jugez de ma joie... c'était une guinée !.

CHARLES. Une guinée !

NELLY. Je voulus alors m'élancer après cette brave dame, mais elle avait disparu... et je n'ai vu sa figure qu'un moment... C'est égal, je la reconnaîtrais entre mille !

CHARLES. Cette guinée vous sauva ?

NELLY. Je commence à le croire... Je formai des projets d'avenir... j'achetai trois douzaines d'oranges... et je me dis : Nelly, tu seras danseuse, si tu sais les vendre et surtout les donner.

CHARLES. Et comment cela ?

NELLY. Voilà... Je commençai par venir m'établir à cette taverne qui touche au théâtre de Drury-Lane... et je donnai régulièrement, tous les soirs, des oranges au petit Bob, le fils du portier.

Air de Sommeiller encor, ma chère.

> Le fils de c' portier dramatique
> Me fit connaître son papa....
> L' papa, plus ou moins asthmatique
> Au souffleur bientôt m' présenta,
> Le souffleur borgne autant qu'aimable
> M'introduisit au régisseur...
> Et, par c' régisseur estimable,
> J' suis parvenue au directeur,
> Mes orang's, c'est incontestable,
> M'ont fait connaître un directeur !

CHARLES. Et vous prétendez que toutes ces belles connaissances ne vous ont coûté que des oranges ?

NELLY. Jaloux ! Le souffleur m'a donné des leçons de danse, que je lui ai payées avec des oranges... Mais, à propos, je vous conseille d'en prendre... (*Elle va à son panier, qu'elle a déposé sur une table, à gauche.*)

CHARLES. Des leçons de danse ?

NELLY. Non, des oranges... J'en ai là de première qualité, qui viennent de Lisbonne... la patrie de notre bonne reine, Catherine de Bragance. (*Revenant à Charles.*) Et à propos, ce Portugais qu'elle a amené de son pays et qu'on appelle son barbier, m'en achète souvent... Dites-donc, savez-vous pourquoi la reine a un barbier ? (*Ici entre, par le deuxième plan à gauche, un garçon de théâtre, qui pose une affiche sur un poteau, à gauche.*)

CHARLES. Ma foi, non !

NELLY. Ni moi non plus... Mais qu'avez-vous donc ?.. vous semblez tout ému ?.. Est-ce parce que vous plaignez la reine d'être mariée à un libertin fieffé... comme notre gracieuse majesté Charles II, le plus mauvais sujet de son royaume ?

CHARLES. Pas du tout, je vous assure... Je ne pense qu'à votre idée opiniâtre de débuter !..

NELLY. Eh bien ! oui... Je vous l'avouerai enfin... depuis un mois, je répète tous les jours à Drury-Lane.

CHARLES. Vous, Nelly ?

NELLY. Oui , dans un ballet intitulé : *la Reine des fleurs*... et comme miss Davies, l'actrice chargée du principal rôle, est presque toujours malade, c'est moi qui le jouerai, qui le danserai à la première occasion... sans doute ce soir...

CHARLES. Ce soir !.. (*S'approchant de l'affiche.*) Mais non, c'est impossible !.. voyez , miss Davies joue ce soir !..

NELLY[*]. Encore !.. oh ! c'est trop fort !.. Je vais m'expliquer avec le directeur...

CHARLES. Restez !.. Si vous m'aimez, Nelly, vous resterez !

NELLY. Je vous aime plus que la vie !

CHARLES. Mais non plus que le théâtre !.. Et si vous ne m'aimez pas assez pour me faire ce sacrifice...

NELLY. Eh bien ?

CHARLES. Vous ne me reverrez plus !

NELLY. Vous me quitteriez ?..

CHARLES. A tout jamais !.. Choisissez... le théâtre ou mon amour !

NELLY. Je choisis l'un et l'autre.

Air : *Un rêve trompeur.* (Une Femme laide.)

Ce rêve enchanteur,
Pour mon bonheur,
Doit s'accomplir...
Selon mon désir,
Quel doux espoir !
Je crois m'y voir !
CHARLES.
Cédez à mes vœux :
Soyons tous deux
Longtemps heureux,
Dans l'obscurité,
Sans vanité !
NELLY.
Quel entêté !
Je cours sans frayeur
Chez le directeur !

(*Elle va reprendre son panier.*)

CHARLES[**]. Prenez garde !

NELLY. Ne craignez rien... le directeur est un respectable père de famille... il a onze enfants, une épouse légitime... et la goutte !

REPRISE ENSEMBLE.
NELLY.
Ce rêve enchanteur,
Pour mon bonheur,
Doit s'accomplir
Selon mon désir !

[*] C. N.
[**] N. C.

Dans mes projets,
Que de souhaits !
CHARLES.
Ce rêve enchanteur
Pour mon malheur,
Peut s'accomplir
Va-t-il donc finir ?
Dans ses projets
Que de regrets !

(*Nelly sort vivement par le deuxième plan, à gauche ; Charles va pour le suivre ; au même instant Saint-Evremond rentre par le fond, à gauche.*)

SAINT-EVREMOND[*]. Quoi ! sire, encore ici ?

CHARLES. Merci , marquis, pour votre dévouement... (*Il passe à gauche.*)

SAINT-EVREMOND[**]. Il a failli me coûter assez cher !

CHARLES. C'est bien... vous me direz plus tard... Au revoir, marquis, au revoir ! (*Il sort par le deuxième plan, à gauche.*)

SCENE V.
SAINT-EVREMOND, seul.

Quelle impatience !.. (*Regardant à gauche.*) Pardieu ! c'est pour courir après sa Nelly... et il ne me laisse pas le temps de lui apprendre que ces braves gens ont voulu me conduire chez le constable... Je ne suis parvenu à me tirer de leurs griffes qu'en leur distribuant ma bourse... Encore une aventure !.. C'est qu'en vérité Charles II est le plus volage des hommes, et je suis forcé d'être encore plus volage que moi-même !

Air : *Au temps heureux de la chevalerie.*

Héros et preux, paladins de la France,
Qui combattiez aux plaines d'Azincourt,
Dans les périls qu'était votre vaillance,
Près de la mienne aux combats de l'amour ?
Je vous surpasse, ô Dunois et Xaintrailles,
Que le trépas semblait trop épargner !
Vous surviviez en perdant des batailles...
Je vais mourir à force d'en gagner.

Aussi, quelquefois, je suis tenté de me dérober aux exigences érotiques de ma mission... mais si je ne l'accomplis pas avec conscience, je sais trop bien ce qui m'attend. Il y a un ordre d'extradition en blanc... Il y a une lettre de cachet... Il y a un brick appareillé dans la Tamise... Et, comme si ce n'était pas assez de toutes ces précautions pour me tenir, l'ambassadeur de France a encore attaché à ma personne un exempt en qualité de valet... un drôle qui me coiffe, qui m'habille d'une main... et qui peut m'arrêter de l'autre... Il se tient au courant de toutes les intrigues de Charles II... et il me transmet les ordres que j'ai à exécuter, et à la première infraction...

[*] St-E C.
[**] C. St-E.

SCÈNE VI.

SAINT-EVREMOND, BRIQUET.

BRIQUET*, *accourant par le fond, à gauche.* Vous voilà, monsieur le marquis !

SAINT-EVREMOND. C'est lui ! mon cauchemar vivant !

BRIQUET. Il s'agit de l'intérêt de la France, et j'accours pour vous dire...

SAINT-EVREMOND. Je ne le sais que trop !... Charles II a un caprice pour une fille du peuple...

BRIQUET. Ce n'est pas ce caprice-là qui me fait accourir.

SAINT-EVREMOND. Et qu'est-ce donc, Briquet ?

BRIQUET. Pendant votre courte absence à Tumbridge-Wells, il s'est passé bien des choses... Le roi veut, dit-on, se réconcilier avec lady Cleveland...

SAINT-EVREMOND, *à part.* Quelle erreur ! respectons-la. (*Haut.*) Eh bien ! que puis-je à cela ?

BRIQUET. Vous réconcilier aussi avec elle.

SAINT-EVREMOND, *à part.* Diable ! c'est un nouveau genre de corvée ! (*Haut.*) Me réconcilier avec lady Cleveland, ma première maîtresse en Angleterre... mon numéro un...

BRIQUET. Qu'importe !

SAINT-EVREMOND. Briquet, dis-moi... Que penses-tu d'un dîner réchauffé ?

BRIQUET. Ça ne vaut rien.

SAINT-EVREMOND. Voilà précisément ce que je pense d'un amour réchauffé... ça ne vaut rien non plus.

BRIQUET. N'importe, monsieur le marquis... rappelez-vous qui j'ai l'honneur de représenter... dans l'intérêt de la France ?

SAINT-EVREMOND. Tu me représentes la Bastille... tu es assez laid pour ça.

BRIQUET. Eh bien ! si vous êtes amoureux de l'original...

SAINT-EVREMOND. Non,... rien que le portrait me donne le frisson.

BRIQUET. Alors...

SAINT-EVREMOND. Alors, je me soumets... j'obéis dans l'intérêt de la France... et dans le mien... (*A part.*) Au fait, j'aime encore mieux une grande dame comme recrudescence, qu'une fille du peuple comme nouveauté... Et pourvu que j'obéisse aux ordres de l'ambassadeur... (*Haut.*) Où faut-il que j'aille à la poursuite de ce gibier royal ?

BRIQUET. Pas bien loin... On vous a fait venir dans cette taverne parce que milady Cleveland est ici...

SAINT-EVREMOND. Ici ?

BRIQUET. Déguisée en tavernière.

SAINT-EVREMOND. En croirai-je tes paroles ?

BRIQUET, *désignant la taverne.* Croyez-en vos yeux... la voici !

SAINT-EVREMOND. En effet, c'est elle... Comment se fait-il ?.. (*Il passe à droite.*)

BRIQUET*. A vous de le savoir, à vous d'agir... Moi, je me sauve... Je vais rendre compte de ma commission à mon autre maître l'ambassadeur... Courons, dans l'intérêt de la France... (*Il sort vivement par le deuxième plan à gauche. Au même instant, lady Cleveland sort de la taverne et va regarder au fond, à gauche.*)

~~~~~~

SCÈNE VII.

SAINT-EVREMOND, LADY CLEVELAND. **

LADY CLEVELAND, *à part.* Le roi viendra-t-il ?.. et pourrons-nous réussir dans notre projet ?..

SAINT-EVREMOND, *à part.* Pourquoi est-elle ainsi déguisée ?

LADY CLEVELAND, *à part.* Mais je ne me trompe pas !.. c'est le marquis de Saint-Évremond !.. J'ai les nerfs agacés à sa vue !

SAINT-EVREMOND, *à part.* Feignons de ne pas la reconnaître. (*Haut.*) Vous êtes sans doute la tavernière, Madame... Un rosbif pour deux !

LADY CLEVELAND. Mais vous êtes seul !..

SAINT-EVREMOND. Eh bien !.. deux rosbifs pour un !..

LADY CLEVELAND, *sèchement.* Je n'en ai pas pour le quart d'heure, Monsieur ! (*A part.*) J'aime autant qu'il s'en aille !

SAINT-EVREMOND. Avez-vous au moins une tranche de venaison ?

LADY CLEVELAND. Je n'ai rien.

SAINT-EVREMOND. C'est peu de chose... Vous avez au moins une tournure... une figure...

LADY CLEVELAND, *à part.* La transition est brusque... (*Haut.*) Ça ne vous regarde pas, Monsieur...

SAINT-EVREMOND. Mais je ne me lasse pas de les regarder... Madame, pardonnez-moi mon enthousiasme... vous ressemblez tellement à une personne que j'ai tant aimée...

LADY CLEVELAND. Vous ressemblez aussi à quelqu'un que je hais tant !

SAINT-EVREMOND. Vos yeux me rappellent les siens.

LADY CLEVELAND. Votre assurance me rappelle la sienne.

SAINT-EVREMOND. Je ne vous dirai pas comment elle se nomme.

LADY CLEVELAND. Ni moi comment il s'appelle.

SAINT-EVREMOND. C'est la belle des belles !

LADY CLEVELAND. C'est le traître des traîtres !

* B. St-E.
** L. Cl. St-E.
~~~~~~

SAINT-EVREMOND. Vous voyez bien que je parle de milady Cleveland.

LADY CLEVELAND. Vous voyez bien que je parle du marquis de Saint-Evremond.

SAINT-EVREMOND, *s'inclinant*. Permettez-moi de vous offrir mes hommages, milady.

LADY CLEVELAND. Brisons là, Marquis, c'est assez d'ironie... N'abusez pas plus longtemps de ma position et de mon déguisement... Qu'espérez-vous ?.. Que voulez-vous?.. Vous savez bien que je vous hais !

SAINT-EVREMOND. Non, Milady, je n'étais pas assez fat pour le croire.

LADY CLEVELAND. Osez-vous bien encore vous présenter devant moi? Vous m'avez fait la cour lors de votre arrivée en Angleterre, dans un moment où j'étais toute puissante, la favorite en titre... et puis, aussitôt que ma faveur a baissé, vous avez cherché un motif de rupture, en me reprochant d'avoir encouragé les assiduités du duc de Buckingham.

SAINT-EVREMOND. Oui, Milady, j'étais jaloux, j'en conviens, mais que prouve la jalousie?.. un excès d'amour.

LADY CLEVELAND. Vous, de l'amour ?

SAINT-EVREMOND. Oui, Milady ! Est-ce ma faute si vous ne comprenez pas tout ce qu'il y avait d'amour pour vous dans mon empressement à vous quitter.

LADY CLEVELAND. Que signifie ce langage?... Prétendez-vous ?.. Mais, en vérité, quel est donc le secret de votre conduite?.. Cherchez-vous à vous réconcilier maintenant avec moi, parce que depuis trois jours Sa Majesté semble m'avoir rendu ses bonnes grâces... et que ce retour d'une royale affection m'a fait subitement nommer duchesse de Cleveland, comtesse de Southampton et baronne de Sans-Pareille.

SAINT-EVREMOND. Sans-Pareille?

LADY CLEVELAND. C'est une terre qui porte ce nom.

SAINT-EVREMOND. Et votre beauté qui le mérite.

LADY CLEVELAND, *souriant*. Marquis, il est difficile de se fâcher avec vous. Eh bien ! je vais vous parler d'abord comme à un ami.

SAINT-EVREMOND. Un ami... c'est déjà un progrès... Mais, est-ce une espérance ?..

LADY CLEVELAND. Nous verrons.

SAINT-EVREMOND, *à part*. Un ami! elle a besoin de moi.

LADY CLEVELAND. Apprenez le motif qui m'amène dans cette taverne.

SAINT-EVREMOND. Je le devine, Milady, une amourette du roi avec une fille du peuple.

LADY CLEVELAND. C'est cela même, Marquis, puis-je compter sur vous?

SAINT-EVREMOND. Disposez de moi.

LADY CLEVELAND. A merveille ! je vais vous faire entrer dans notre coalition.

SAINT-EVREMOND. Quelle coalition?

LADY CLEVELAND. C'est une ruse de lady Rivers qui a tant de finesse, et de miss Stuart qui aime tant la vengeance. (*Regardant à droite.*) Mais, voici mes alliées.

SAINT-EVREMOND, *à part*. J'aurais dû m'en douter.

SCÈNE VIII.

LES MÊMES, LA DUCHESSE DE PORTSMOUTH, *en bouquetière*, LADY CHESTERFIELD, *en écaillère*, LADY RIVERS, *en gypsi*, MISS STUART, *en paysanne*, MISS WELLS, *en marchande de gâteaux. Elles sortent toutes de la taverne* [*].

CHŒUR.

Air : *Écrivons*. (Nouvelles à la main.)

De la cour,
En ce jour,
Nous fuyons le séjour,
Pour chercher tour à tour
La vengeance et l'amour.

SAINT-EVREMOND.
Vous ici, dans ces lieux !
Vous, les beautés suprêmes !

MISS STUART.
Oui, cher marquis, nous-mêmes,

SAINT-EVREMOND, *à part*.
C'est mon numéro deux !

LA DUCHESSE.
C'est bien nous !

LADY RIVERS.
Sans bijoux !

LADY CHESTERFIELD.
Vous devez, mon maître,
Nous connaître.

SAINT-EVREMOND, *à part*.
Oui, je vois,
Mon numéro trois.

MISS WELLS.
D'une passion idolâtre,
Reconnaissez le tendre objet,

SAINT-EVREMOND, *à part*.
Parbleu ! c'est mon numéro quatre !
Mon sérail est au grand complet.

CHŒUR.

De la cour,
En ce jour, etc.

SAINT-EVREMOND.
De la cour,
En ce jour,
Vous fuyez le séjour,
Pour chercher tour à tour.
La vengeance et l'amour !

---

[*] L. Ch. miss St. la duc. St-Ev. lady Cl. miss W. lady R.

LADY CLEVELAND.

Ici, dans la cité,
Je me fais tavernière ;
Et je tiens de la bière,
Du genièvre et du thé.
  (Elle remonte.)

MISS STUART.

L'air naïf
Et craintif,
Je viens du village.
  (Elle remonte.)

LADY RIVERS.

L'air moins sage,
J'ai choisi
Des haillons de gypsi.
  (Elle remonte.)

LA DUCHESSE.

Je me fais gaîment bouquetière.
  (Elle remonte.)

MISS WELLS.

Je vends des muffins, des gâteaux.
  (Elle remonte.)

LADY CHASTERFIELD.

Et moi, je porte une cloyère.
  (Elle remonte.)

SAINT-EVREMOND.

C'est un carnaval des plus beaux.

REPRISE DU CHOEUR.

De la cour, etc.

(Pendant cette reprise elles redescendent toutes.)

SAINT-EVREMOND [*]. Bravo, Mesdames ! mes compliments, duchesse ! à merveille, milady. (*A part.*) Miss Wells... mon numéro... je ne sais plus lequel... mais celle-ci a du moins des comestibles. (*Haut*) Ma chère miss Wells, je vous ai toujours trouvé beaucoup de charmes. (*Il s'approche d'elle et mange de ses gâteaux.*)

LADY CLEVELAND. Puisque nous voilà toutes réunies...

MISS WELLS. Pardon, il manque une de nous, lady Mac Grégor, qui a été la première victime du roi. (*Elle remonte avec lady Rivers.*)

SAINT-EVREMOND. C'est-à-dire dont le roi a été la première victime.

MISS WELLS, *regardant à droite.* La voici ! (*Lady Mac Grégor entre par le fond, à droite, en costume d'Écossaise.*)

SCÈNE IX.

LES MÊMES, LADY MAC GRÉGOR.

LADY CLEVELAND [**]. Regardez donc, Mesdames, quels atours décolletés.

[*] L. Ch. la duc. miss St. L. Cl. St-Ev. miss W. lady R.
[**] L. Ch. la duc. miss. St. lady Cl. St-Ev. lady Mac miss W. lady R.

LA DUCHESSE, *à lady Mac Grégor.* Comme vous voilà affublée, Milady ?

MISS STUART. On dirait une montagnarde écossaise.

LADY MAC GRÉGOR. C'est le costume de mon clan de Morcalvon, Mac Pharson et Mac Grégor.

MISS STUART. Un costume d'Écossaise ?

LADY MAC GRÉGOR. Costume de circonstance, et qui doit réveiller les plus tendres souvenirs... Je le portais à Cologne, lorsque...

LADY CLEVELAND. Encore, Milady, encore cette histoire.

LADY MAC GRÉGOR. Et pourquoi pas ?.. j'avoue d'illustres faiblesses.

  Air :

Je le dis sans vergogne,
L'amour, douce besogne,
Fut jadis à Cologne
Notre occupation.
Que mon orgueil éclate !
J'ai, femme délicate,
De Charles, je m'en flatte,
Fait l'éducation.
Et, quoi qu'on me reproche,
J'ai fort bien mérité,
Au moins, de la main gauche,
Le nom de majesté.

Mais Charles II n'était encore qu'un enfant, un proscrit errant de par le monde... j'arrivai à propos pour lui faire faire son premier voyage.

SAINT-ÉVREMOND. Où ça ?.. dans votre clan.

LADY MAC GRÉGOR. Non, à Cythère... à Amathonte et à Paphos.

SAINT-EVREMOND. Je ne m'étonne plus, si on dit que les voyages forment la jeunesse.

LADY MAC GRÉGOR. Délicieux ! c'est bien d'un Français, d'un Gaulois !.. Ah ça ! mais, vous êtes donc aussi du complot ?

SAINT-EVREMOND. Si, pour me mettre dans le secret, ces dames me connaissent assez.

TOUTES. Oui, oui !

SAINT-EVREMOND. Et que je les connaisse assez ?

TOUTES. Oui, oui !

SAINT-EVREMOND. Eh bien ! de quoi s'agit-il ?

MISS STUART. Le roi affecte d'être las des beautés de la cour.

SAINT-EVREMOND. Il est bien ingrat.

MISS WELLS. Il veut connaître celles du peuple.

SAINT-EVREMOND. Il est bien curieux.

LADY RIVERS. Nous avons découvert qu'il se déguise en dragon pour filer le parfait amour avec une marchande d'oranges.

SAINT-EVREMOND. Il est naïf comme un homme blasé.

LA DUCHESSE. Et que d'ordinaire ils se donnent rendez-vous dans cette taverne.

SAINT-EVREMOND. Il est assez gentilhomme pour aimer la mauvaise compagnie.

MISS STUART, *aux autres dames.* Je vous ai dit aussitôt : Il faut nous venger !

LADY MAC GRÉGOR, *à Saint-Évremond.* C'est son caractère.

LADY RIVERS. J'ai appuyé cette idée... mais en même temps j'ai avisé au moyen de l'exécuter avec finesse.

LADY MAC GRÉGOR, *à Saint-Evremond.* C'est sa nature.

LADY CLEVELAND. Et, d'après l'avis de lady Rivers, nous nous sommes déguisées en femmes du peuple.

LADY MAC GRÉGOR. Nous sommes venues en catimini dans cet endroit roturier.

NELLY, *en dehors.* Un penny l'orange ! un penny l'orange !

LADY CLEVELAND. Attention , Mesdames, voici l'orangère.

LADY RIVERS. Quel tour lui jouer ?

SAINT-EVREMOND. Voyons cette merveille !

LADY CLEVELAND. Restez près de moi, Marquis.

SAINT-EVREMOND. Je suis trop heureux de vous obéir, Milady. (*A part.*) J'aime mieux brouiller cette petite fille avec le roi que d'avoir la peine de la séduire. (*Tous remontent. Nelly entre par le deuxième plan à gauche.*)

‿‿‿‿‿‿‿‿‿‿‿‿‿‿‿‿‿‿‿‿‿‿‿‿‿‿‿‿

SCÈNE X.

LES MÊMES, NELLY.

NELLY, *à part, et venant s'asseoir à droite.* Mille millions d'oranges ! mon début est encore manqué. (*Criant.*) Des oranges ! qui veut des oranges ?

LA DUCHESSE, *au fond, bas aux autres dames.* Regardez donc, Mesdames, comme elle est bien !

SAINT-EVREMOND, *bas.* Une rivale semble toujours jolie !

LADY MAC GRÉGOR, *bas.* Une rivale semble plutôt laide !

NELLY, *à part, regardant les dames.* Tiens, tiens , qu'est-ce que c'est donc que ces... n'importe quoi ?... c'est joli et bien attifé... Dieu sait ce que ça leur coûte ! (*Se levant et criant.*) Un penny l'orange !

SAINT-EVREMOND, *bas à lady Mac Grégor.* Abordez-la, vous, la plus imposante par l'esprit... et par la taille.

LADY MAC GRÉGOR, *descendant à Nelly* [*]. Petite fille... voulez-vous me dire ce que vous avez ?

NELLY. Quarante oranges ! un penny l'orange !

LADY MAC GRÉGOR. Comprenez donc ! Je vous demande pourquoi vous avez l'air mélancolique d'un saule... pleurnicheur.

[*] N. L. M. L. N. St-Ev. L. C. miss W., les autres *au deuxième plan.*

LADY RIVERS. Oui, pauvre enfant, qu'est-ce donc qui vous désole ? un homme qui vous trompe ou un corsage qui vous gêne ?

NELLY, *passant près de lady Rivers et l'examinant* [*]. Vous me le demandez... vous aussi ? mais vous devriez le savoir ; si j'en juge d'après votre jupe bariolée, vous êtes une gypsi...

SAINT-EVREMOND, *bas à lady Rivers.* Allons, Milady, montrez votre finesse.

NELLY, *à lady Rivers.* Mais , puisque je vous rencontre, vous allez me dire la bonne aventure. (*Tendant la main.*) Voici ma main.

LADY RIVERS, *bas à Saint-Evremond.* Que faire ?

SAINT-EVREMOND, *bas.* La sorcière.

LADY RIVERS, *bas.* Vous me soufflerez ?

SAINT-EVREMOND, *bas.* Oui... j'ai toujours eu du plaisir à souffler les dames.

LADY RIVERS, *à Nelly.*

Air de ce *Collège.* (Nouvelles à la main.)

Avec silence
Et confiance,
Ecoutez bien, prêtez l'oreille ici !
Il n'est sur terre
Aucun mystère,
Qui se dérobe à l'œil de la gypsi !

NELLY, *tendant les mains.*
Quel sort m'attend, madame la sorcière ?

SAINT-EVREMOND, *bas à lady Rivers.*
Un sort heureux !

NELLY.
Dites ?

LADY RIVERS.
Un sort heureux !

NELLY.
A tout jamais serais-je une orangère ?

SAINT-EVREMOND, *bas.*
Espérez mieux !

NELLY.
Eh bien ?

LADY RIVERS.
Espérez mieux !

CHŒUR.
Avec silence, etc.

NELLY.
Dois-je m'attendre à devenir danseuse ?
Dites-le-moi...

SAINT-EVREMOND, *bas à lady Rivers.*
Certes, croyez-le bien.

LADY RIVERS.
Croyez-le bien.

NELLY.
O destinée heureuse !
C'est un beau rêve ; il fut toujours le mien !

CHŒUR.
Avec silence, etc.

[*] Lady M. N. lady R. St-Ev. lady Cl. miss W., les autres, *au deuxième plan.*

NELLY.

Si je débute, en effet, au théâtre,
Certain amant doit-il m'abandonner,
Comme il l'a dit?..

SAINT-EVREMOND, *bas à lady Rivers.*

Non, il vous idolâtre!

LADY RIVERS.

Il vous adore... et doit vous pardonner!

CHŒUR.

Avec silence,
Et confiance, etc.

(Les dames et Saint-Evremond remontent.)

SAINT-EVREMOND, *aux dames* *. Vous l'avez entendu, Charles II menace de la quitter si elle débute.

LADY MAC GRÉGOR. Il faut la faire débuter...

LADY RIVERS. J'allais le dire... ma finesse...

MISS STUART. J'allais le dire... ma vengeance...

LES AUTRES DAMES. Et moi aussi! et moi aussi!

SAINT-EVREMOND, *à part*. Les beaux esprits se rencontrent!

NELLY, *à part*, *réveuse*, *assise à gauche*. La gypsi a-t-elle raison?... dois-je la croire?

MISS WELLS, *aux autres*. Mais, comment faire?

LADY CLEVELAND, *à Saint-Evremond*. Ce soin vous regarde, Marquis. Que cette jeune fille débute ce soir... nous sommes amis comme par le passé!

SAINT-EVREMOND. Milady! (*A part.*) C'est encore du bonheur!

MISS WELLS. Je vous en dis autant, Marquis.

LES AUTRES DAMES, *l'une après l'autre, moins lady Mac Grégor*. Et moi!

SAINT-EVREMOND, *à part*. C'est beaucoup de bonheur!

LADY MAC GRÉGOR. Et moi!

SAINT-EVREMOND, *à part*. C'est trop de bonheur!

ENSEMBLE.

Air : *Me voilà tout interdit.*

LES DAMES.

A ce galant chevalier
Il faut ici nous fier?
Adoptons avec bonheur
Un pareil défenseur!
Personne mieux que lui
Ne pourrait, aujourd'hui,
Devenir le champion
Des nobles dames d'Albion!

SAINT-EVREMOND.

Je suis votre chevalier,
Il faut à moi vous fier!
Adoptez donc sans peur
Un pareil défenseur!
Pour ma gloire, aujourd'hui,
Je deviens votre appui,

* N. lady R. miss S. lady M. St-Év. lady Cl. miss W. lady Ch. la duch. *au deuxième plan.*

Et me fais le champion
Des nobles dames d'Albion.

NELLY, *à part.*

Dickson, dois-je l'oublier?
A la gypsi me fier!
Quel espoir enchanteur
Fait palpiter mon cœur!
Mes mauvais jours ont fui,
Je deviens ton appui,
Et te fais, mon cher Dickson,
Le plus biau sort pour un dragon!

(Les dames rentrent dans la taverne.)

LADY MAC GRÉGOR, *sortant la dernière et s'adressant à Saint-Evremond*. Et moi!

SCÈNE XI.

NELLY, SAINT-EVREMOND, *puis* BRIQUET.

NELLY, *surprise, et passant à droite* *. Elles s'en vont!... et la gypsi aussi!... sans me demander le prix de ma bonne aventure!...

SAINT-EVREMOND. C'est qu'elles comptent sur toi pour la payer bien plus cher, aussitôt que la prédiction s'accomplira... c'est-à-dire bientôt!...

NELLY. Ah! c'est vous, Monsieur, vous qui avez si bravement défendu Dickson!

SAINT-EVREMOND. Moi-même... je suis l'ami du roi d'Angleterre.

NELLY. Eh! que m'importe!... Je vous remercie encore, Monsieur, et je vous souhaite le bonjour. (*Elle remonte.*)

SAINT-EVREMOND. Ecoute donc... je suis aussi l'ami du directeur de Drury-Lane!

NELLY, *redescendant*. L'ami du directeur! donnez-vous la peine de vous asseoir!... Ah! vous connaissez M. Betterton?... quel homme aimable et spirituel!

SAINT-EVREMOND. Tu le flattes, parce que je suis son ami... c'est un butor.

NELLY. Vous trouvez!

SAINT-EVREMOND. Certainement. Pourquoi ne t'a-t-il pas déjà engagée?

NELLY. Pourquoi? Parce qu'il écoute trop les caprices d'une danseuse de son théâtre... miss Davies... vous la connaissez peut-être?

SAINT-EVREMOND. Oui, oui... et un attaché à l'ambassade de France la connaît encore mieux que moi.

NELLY. Hélas! Monsieur, sans cette créature-là, je débuterais ce soir même.

SAINT-EVREMOND. Quoi! c'est miss Davies qui te contrecarre.

NELLY. Oui, Monsieur, miss Davies, en sa qualité de premier sujet, est presque toujours malade.

* St-E. N.

SAINT-EVREMOND. C'est son droit, elle en use.

NELLY. Elle en abuse !.. à tel point que le directeur m'avait fait apprendre son rôle de fée dans la *Reine des Fleurs*... je le répète depuis un mois, je l'avais dans la tête... et dans les jambes... j'espérais le jouer aujourd'hui.

SAINT-EVREMOND. Eh bien ?

NELLY. Contre son habitude, miss Davies se porte bien... elle est assez méchante pour n'être pas malade.

SAINT-EVREMOND. A-t-on jamais vu, mais j'y mettrai bon ordre.

NELLY. Vous, Monsieur, vous paraissez si bon ! vous voulez bien lui donner une migraine ?

SAINT-EVREMOND. Non.

NELLY. Une indigestion peut-être ?

SAINT-EVREMOND. Non ! non !

NELLY. Ah ! si vous connaissez son médecin.

SAINT-EVREMOND. Bien mieux, je connais son amant.

NELLY, *souriant*. Vous êtes charmant... lequel ?

SAINT-EVREMOND. J'en connais un sur la quantité... cela suffit et je veux...

NELLY. Quoi ?

BRIQUET, *entrant par le fond à gauche et venant près de Saint-Evremond*. Me revoilà ! Monsieur le marquis, où en êtes-vous dans l'intérêt de la France ?

SAINT-EVREMOND, *tirant ses tablettes et écrivant*. Toi ici ! c'est le ciel qui t'envoie.

BRIQUET. Non, Monsieur, c'est l'ambassadeur, pour savoir...

SAINT-EVREMOND. C'est bon... tu vas porter vite ce mot à l'ambassade... au vicomte de Châtillon.

NELLY. Que faites-vous, Monsieur ?

SAINT-EVREMOND. Je charge le vicomte d'enlever de force miss Davies sur-le-champ.

NELLY. Enlever miss Davies de force... c'est impossible.

SAINT-EVREMOND. Tu as raison, elle se laissera enlever de bonne volonté. (*Donnant le billet à Briquet.*) Tiens, Briquet, c'est dans l'intérêt de la France, cours donc.

BRIQUET. Dans l'intérêt de la France, je suis bon patriote, je vole.

SAINT-EVREMOND. Tu n'as jamais fait que ça. (*Briquet sort vivement par le fond à gauche.*)

* * *

SCÈNE XII.

NELLY, SAINT-EVREMOND, *puis* CHARLES II, *ensuite* LADY CLEVELAND, *et à la fin, toutes les dames.*

SAINT-EVREMOND, *à Nelly*. Et nous, à Drury-Lane ! Miss Davies sera enlevée dans une heure, et tu joueras dans deux.

NELLY. Est-il possible ! dans deux heures... Ah ! mon Dieu ! il y a encore un obstacle, Monsieur ! comment vous l'avouer ?.. Je n'ai pas de costume, et le directeur veut absolument que je me le fournisse moi-même.

SAINT-EVREMOND. Un costume ? (*La nuit commence à venir.*)

NELLY. Oui, Monsieur, le costume de la *Reine des Fleurs*... je m'en suis bien commandé un à tout hasard, mais le marchand ne veut me le livrer que contre de l'argent... et je n'en ai pas...

SAINT-EVREMOND. Ni moi non plus... j'ai donné ma dernière guinée... que faire ?.. (*Regardant à droite.*) Ah ! Dickson ! (*Bas à Nelly.*) Je sais qu'il a reçu sa paie ce matin, il doit être en fonds... demandez-lui sa bourse, sans lui dire pourquoi, puisqu'il s'oppose à votre début.

CHARLES, *entrant par le fond à droite et allant à Nelly*[*]. Vous voilà, Nelly, je vous cherchais partout.

NELLY, *à part*. Lui demander de l'argent... mais, je l'en récompenserai. (*Haut.*) Ah ! mon ami, je suis bien malheureuse.

CHARLES. Qu'avez-vous donc ?

NELLY. Je n'osais vous l'avouer... le schériff va aujourd'hui tout saisir chez moi... il me faudrait dix guinées.

CHARLES, *lui donnant sa bourse*. Dix guinées ?.. voici ma bourse, elle est à vous.

NELLY. Cette bourse... comme elle est pleine.

SAINT-EVREMOND, *bas à Nelly*. Qu'est-ce que je vous disais. (*Il va à lady Cleveland qui sort de la taverne, Charles et Nelly remontent.*)

LADY CLEVELAND, *bas à Saint-Evremond*[**]. Eh bien ! Marquis ?

SAINT-EVREMOND, *bas*. Elle débute ce soir.

LADY CLEVELAND, *bas*. Mais le roi ?

SAINT-EVREMOND, *bas*. Retenez-le... un moyen quelconque... il n'a pas d'argent.

LADY CLEVELAND, *bas*. C'est bien, Marquis. (*Charles et Nelly redescendent.*)

SAINT-EVREMOND, *bas à Nelly*[***]. L'heure du spectacle approche, dépêchons-nous.

NELLY, *bas*. Oui, tout de suite. (*Haut à Charles.*) Au revoir, Dickson. (*Elle passe à gauche.*)

CHARLES[****]. Vous me quittez... déjà ?

NELLY. Eh bien !.. et le schériff ?..

CHARLES. Oh ! vous avez raison... oui, partez.

SAINT-EVREMOND, *bas à Charles*. Et vous aussi, songez-y bien, Sire... on vous attend au palais de White-Hall... vous êtes seul... permettez que j'aille vous chercher une voiture.

* B. St-Ev. N.
** St-Ev. N.

* St-Ev. N. C.
** N. C. St-Ev. lady Cl.
*** C. N. St-Ev. lady Cl.
**** N. C. St-Ev. lady Cl.

CHARLES, *bas.* Marquis, vous êtes trop bon et je ne vous demande pas...

SAINT-EVREMOND, *bas.* Mais c'est moi qui vous le demande, Majesté. *(A ce moment, toutes les Dames sortent de la taverne et s'arrêtent au fond sur un signe de lady Cleveland.)*

ENSEMBLE.

Air :

CHARLES.

Quoi ! si jolie,
Et si chérie,
Je vois ma mie
Soudain me fuir !
Pour ma tendresse,
Pour mon ivresse,
Quelle tristesse !
Quel déplaisir !

SAINT-EVREMOND, *à Charles.*

Je vous en prie,
Ma voix amie
Vous en supplie,
Daignez partir !
Votre maîtresse
Déjà vous laisse,
Et le jour baisse...
Vite il faut fuir !

NELLY.

Ah ! de ma vie,
Suprême envie !
Rêve, folie !
Espoir, désir !
Avec l'ivresse
De la jeunesse,
Que je m'empresse
De t'accomplir !

LADY CLEVELAND ET LES AUTRES DAMES.

Soyons hardie,
De sa folie,
Sans perfidie,
Pour le punir !
De sa tendresse
Pour sa princesse
Notre finesse
Doit le guérir !

(Nelly sort par le deuxième plan, à gauche, et Saint-Evremond par le fond, à gauche.

SCÈNE XIII.

CHARLES II, LADY CLEVELAND, LES AUTRES DAMES ; *la nuit est complète ; pendant le petit à parté de Charles, lady Cleveland parle bas aux autres dames.*

CHARLES, *regardant Nelly qui s'éloigne.* Chère Nelly !.. Ah ! tant que je pourrai l'apercevoir... Elle s'arrête au coin de la rue... elle fait des signes au marquis de Saint-Evremond, qui s'empresse de la rejoindre... Que signifie ?.. Je veux savoir... *(Il va pour sortir, lady Mac Grégor se place devant lui.)*

LADY MAC GRÉGOR[*]. On ne passe pas !

LADY CLEVELAND, *de l'autre côté.* Permettez, jeune militaire...

LADY MAC GRÉGOR, *faisant redescendre Charles.* Deux mots, s'il vous plaît, tendre guerrier !

LADY CHESTERFIELD, *à la gauche de Charles.* Nous avons à vous parler, mon beau dragon !

MISS STUART, *à sa droite.* Ne vous nommez-vous pas Dickson ?

MISS WELLS, *à sa gauche.* N'êtes-vous pas l'amant d'une nommée Nelly ?

LADY RIVERS. Vous pouvez en convenir, d'autant plus...

LA DUCHESSE. D'autant plus que nous le savons. *(Tous redescendant la scène.)*

CHARLES[**]. Eh bien ! oui... Que me voulez-vous ?

LADY CLEVELAND. Vous demander de nous payer ses dettes.

CHARLES. Ses dettes ?

LADY CLEVELAND. Elle nous a dit que vous paieriez pour elle.

CHARLES. Sans doute.

LADY CLEVELAND. Eh bien ! elle doit à chacune selon son état.

LADY CHESTERFIELD. Vingt douzaines d'huîtres !

MISS STUART. Quatre fromages !

LA DUCHESSE. Seize bouquets !

MISS WELLS. Cent soixante gâteaux !

LADY MAC GRÉGOR, *passant près de Charles.* Et puis encore...

CHARLES[***]. Quoi ! encore ?.. c'est impossible !

LADY MAC GRÉGOR. Impossible ou non, il faut nous payer sur-le-champ !

LA DUCHESSE. Vous exécuter à l'instant !

CHARLES, *à part.* Que veut dire cela ?.. Finissons et payons !.. Je m'expliquerai plus tard !.. *(Fouillant dans sa poche.)* Oh ! mon Dieu ! j'ai donné ma bourse !

TOUTES. Eh bien ?

CHARLES. Excusez-moi... mais...

TOUTES. Quoi ?

CHARLES. Je n'ai pas d'argent sur moi !

LADY MAC GRÉGOR. Ni ailleurs, probablement !

CHARLES. Je vais m'en procurer... *(Il va pour remonter.)*

LADY MAC GRÉGOR, *l'arrêtant.* Minute !.. vous ne sortirez pas... et nous allons chercher le constable !

CHARLES. Le constable !.. Arrêtez !

[*] L. M. C. lady Cl. les autres dames.
[**] Lady M. la duch. C. lady Cl. miss W. lady Ch. lady R.
[***] Miss St. la duch. lady M. C. lady Cl. miss W. lady Ch. lady R.

TOUTES. Dé l'argent, alors !.. de l'argent !..

CHARLES, *à part*. Le constable !.. mais s'il vient, il me reconnaîtra !.. et quel scandale à la cour !.. A tout prix; il faut l'éviter !..

TOUTES, *le pressant*. Allons! de l'argent !

CHARLES.

Air : *L'huissier que je hais, que je brave.*

Souffrez que j'aille à la caserne
En chercher.

LADY CLEVELAND.
Non! payez-nous dans la taverne
Sans broncher.

CHARLES.
Je promets de revenir vite
Vous payer !

LADY MAC GRÉGOR.
Non pas... vous pourriez tout de suite
L'oublier !

LADY RIVERS.
Courons vite chez le constable !

TOUTES.
Oui, ma foi !

(*Elles remontent.*)

CHARLES, *remontant aussi.*
Restez !... car ici le coupable,
C'est le roi !

TOUTES, *feignant la surprise.* Le roi !..

LADY CLEVELAND, *saluant*. Pardon, Sire... nous ne savions pas...

LA DUCHESSE, *de même*. Qui aurait pu soupçonner ?..

MISS STUART, *de même*. Qui se serait attendu... (*Pendant ces quelques mots, des garçons de taverne ont allumé les lanternes. Le théâtre s'éclaire, et un garçon de théâtre vient apposer sur l'affiche une bande annonçant le début de Nelly.*)

CHARLES, *avec étonnement*. Que vois-je ?... ces tournures... ces mains blanches... je ne me trompe pas !...

LADY MAC GRÉGOR [*]. Qu'est-ce que c'est, Majesté ?

CHARLES.

Même air.

Grand Dieu ! que vois-je !... vous, Mesdames !
LADY CLEVELAND.
Qui ça, nous ?
CHARLES.
Des miladys ! des grandes dames!
MISS STUART.
Raillez-vous ?.
CHARLES.
Non pas... et je n'ai plus de doutes !
Aujourd'hui,
Au cabaret vous voilà toutes !

[*] Lady M. C. lady Cl. Les autres dames, *au 2e plan.*
[**] Miss St. la duch. Miss W. lady M. C. lady Cl. lady Ch. lady R.

TOUTES, *redescendant,*
Eh bien ! oui!
LADY MAC GRÉGOR [*].
De ce travers si l'on nous fronde,
Nous dirons :
Pour suivre Charles au bout du monde,
Nous irons!

ENSEMBLE.

CHARLES.
Allons, j'en conviens,
Vous vous vengez bien !
Je vois, sur mon âme,
Que toujours la femme
Entend à ravir
Un pareil plaisir !
LES DAMES.
Nous nous vengeons bien,
Et ne craignons rien !
Car chacun proclame
Que toujours la femme, etc.

CHARLES. Vous, Mesdames, une conduite si étrange !

LADY CLEVELAND. Quoi de plus naturel, Sire ? vous voulez aimer les filles du peuple...

LADY RIVERS. Nous venons à la taverne pour étudier leurs mœurs...

LADY MAC GRÉGOR. L'espoir de vous plaire, ô mon élève !

MISS STUART. Eh bien ! sire, nous trouvez-vous autant de charmes qu'à une marchande d'oranges ?

LADY MAC GRÉGOR. Et aussi mauvais ton ?

CHARLES. Ah ! trève à cette plaisanterie, Mesdames; et si Nelly, puisque vous la connaissez maintenant, n'a pas vos manières et votre élégance, elle n'a pas non plus vos défauts...

LADY CLEVELAND. Qu'en savez-vous, sire ?... vouloir de fille du peuple monter à un plus haut rang, n'est-ce pas de l'ambition ? (*Elle remonte.*)

LA DUCHESSE. Vouloir des parures de diamants, n'est-ce pas de la coquetterie ? (*Elle remonte, ainsi que les autres dames, excepté lady Mac Grégor et lady Rivers.*)

LADY RIVERS [*]. Promettre une chose, et en faire une autre, n'est-ce pas de la perfidie ?

LADY MAC GRÉGOR. Eh bien ! Nelly fait tout cela, en se livrant...

CHARLES. A qui ?

LADY MAC GRÉGOR. A qui ? au théâtre !

CHARLES. Cela n'est pas !... je le lui ai défendu !

LADY RIVERS. Ah! sire, elle est fille d'Ève, et le fruit défendu...

CHARLES. Cela n'est pas, vous dis-je !... c'est un mensonge !...

LADY MAC GRÉGOR, *désignant l'affiche*. Est-ce que l'affiche ment aussi ?

[*] Lady M. C. lady R. les autres dames, *au deuxième plan.*

CHARLES, *regardant l'affiche.* Que vois-je? elle débute !... après que je lui ai dit que je la quitterais !...

LADY MAC GRÉGOR. Un potentat n'a que sa parole!

CHARLES. Oh! cela ne se peut! je saurai l'empêcher, et je vais...

LADY MAC GRÉGOR, *regardant à gauche.* Je crains qu'il ne soit trop tard... voici M. de Saint-Evremond, qui vous dira... (*Saint-Evremond entre par le deuxième plan à gauche.*)

SCÈNE XIV.

LES MÊMES, SAINT-EVREMOND.

CHARLES, *à Saint-Evremond*.* Répondez, Marquis, répondez... quand vous êtes sorti d'ici, je vous ai vu rejoindre tout à coup Nelly...

SAINT-EVREMOND. Eh bien ! oui, Sire, je l'avoue. En ce moment même, elle est en train de débuter.

CHARLES. Nelly!... grâce à vous!...

SAINT-EVREMOND. Grâce à moi ! Vous m'avez dit que vous l'aimiez marchande d'oranges... j'ai pensé que vous l'adoreriez danseuse.

CHARLES. Danseuse! Elle ne sera plus la réalité d'une fille du peuple... elle sera la parodie d'une grande dame... Je la repousse !... je la quitte !...

LADY MAC GRÉGOR, *aux autres dames.* Qu'est-ce que je vous avais dit ?...

SAINT-EVREMOND. Ah! Sire, n'allez pas croire au moins que j'aie voulu troubler vos poétiques amours!.. je suis trop poète moi-même... et s'il faut maintenant que je m'efforce de vous ramener à Nelly.

CHARLES, Non, Marquis... Nelly m'a désobéi, m'a trompé, je ne veux plus entendre parler d'elle, je la hais ! je l'abhorre !

LADY MAC GRÉGOR, *aux autres dames.* Entendez-vous? Nous triomphons.

TOUTES. Victoire !

SCÈNE XV.

LES MÊMES, NELLY, *entrant par le deuxième plan à gauche, suivie d'une habilleuse, puis* LES GENS DU PEUPLE, DEUX PAGES, *et ensuite* BRIQUET.

NELLY, *enveloppée dans un manteau **.* Dickson! cher Dickson !.. embrassez-moi, pardonnez-moi ! embrassez-moi !

CHARLES, *la repoussant.* Nelly !

NELLY. Oh ! j'ai un moyen de vous rendre plus aimable, regardez ! (*Elle jette son manteau que l'habilleuse ramasse, et paraît dans le costume de la Reine des Fleurs.*)

SAINT-EVREMOND. Négligé du matin de la *Reine des Fleurs.* (*La duchesse, miss Wells et miss Stuart passent à gauche.*)

CHARLES *. Il est donc vrai ! danseuse!

NELLY. Eh bien ! oui, j'ai débuté.

CHARLES. Je vous l'avais défendu, je vous avais dit que je vous quitterais, je vous quitte.

LADY MAC GRÉGOR. Bravo! je reconnais mon élève.

NELLY, *à Charles.* Mais je ne vous quitte pas, moi !.. Car si j'ai débuté malgré vous, c'est bien pour moi, mais c'est aussi pour vous.

CHARLES. Pour moi ?

NELLY. Oui, pour vous. (*Montrant un papier.*) Regardez cet engagement que je viens de signer dans l'entr'acte, tant j'ai fait d'effet!.. Il y a cent livres sterling comptées d'avance pour vous acheter une compagnie.

CHARLES. Il serait vrai !

SAINT-EVREMOND, *riant.* Une compagnie à lui... Ah ! ah ! ah !

TOUTES LES DAMES, *riant.* Ah ! ah ! ah ! Une compagnie !.. ah! ah ! ah !

CHARLES. Chère Nelly!

NELLY. Eh bien ! qu'est-ce qu'elles ont donc à rire ?

CHARLES, *passant près de Saint-Evremond **.* Celle-là m'aime pour moi, Mesdames.

SAINT-EVREMOND. Certainement, voulez-vous qu'elle vous aime pour les autres ?

NELLY, *à Charles.* Eh bien! vous ne me quittez donc plus maintenant?

CHARLES, Jamais! nous sommes inséparables ! Et cette fois, ce n'est pas seulement Dickson le dragon qui vous le dit, c'est Charles II, roi d'Angleterre, qui vous le jure.

NELLY. Le roi! vous êtes le roi?.. Quoi! j'ai soupé avec le roi!.. j'ai fraternisé avec le roi !.. Ah! je me trouve mal.

CHARLES, *la soutenant.* Remettez-vous, Nelly, vous étiez la maîtresse de Dickson... Maintenant, vous êtes devant tous celle de Charles II.

SAINT-EVREMOND, *à part.* Encore une ! (*Bas à lady Cleveland.*) N'abandonnez pas la partie.

LADY CLEVELAND. Eh quoi ! Sire, une femme du peuple.

CHARLES. Duchesse !

LADY MAC GRÉGOR. Une vilaine.

CHARLES. Comtesse ! (*Il remonte la scène avec Saint-Evremond.*)

NELLY. Duchesse, comtesse, qu'entends-je?.. Ah! je comprends tout. (*Aux Dames.*) Vous êtes des femmes du peuple comme je danse... je vois votre jeu... vous avez voulu me l'enlever,

---

* St-Ev. Ch. toutes les dames en groupe, *au deuxième plan, a droite.*

** Ch. N. St-Ev. les dames.

* La duch. miss W. miss St. Ch. N. St-Ev. lady Cl. lady M. lady Ch. lady R.

** La duch. miss W. miss St. N. C. St-Ev. lady Cl. lady M. lady Ch. lady R.

mais, hernique! je le garde!.. Non pas à cause de sa couronne, mais à cause de son physique, et pour vous faire enrager.

TOUTES. Insolente! (*La duchesse, miss Stuart et miss Wells remontent et passent à droite auprès des autres dames.*)

LADY MAC GRÉGOR, *passant auprès de Nelly* *.
Mais, tout n'est pas fini entre nous.

NELLY. Je l'espère bien.

LADY MAC GRÉGOR. Vous nous avez vaincues sur votre terrain, à la taverne ; nous prendrons notre revanche sur le nôtre, à la cour.

TOUTES. Oui, à la cour. (*Charles redescend près de Nelly.*)

NELLY. C'est ce que nous verrons.

SAINT-EVREMOND, *redescendant à gauche, à part.* On est battu de ce côté... je passe de l'autre, voilà ce qu'on appelle de la politique.

Air *Des Pages et des Poissardes.*

ENSEMBLE.

NELLY.

Vous le voulez ? Eh bien! la guerre!
La guerre à jamais entre nous !
Châtiez donc la téméraire
Qui se rit de votre courroux !

LES DAMES.

Vous le voulez ? Eh bien ! la guerre !
La guerre à jamais entre nous !
Nous punirons la téméraire
Qui se rit de notre courroux !

SAINT-EVREMOND ET CHARLES.

Calmez-vous donc ! Eh quoi ! la guerre !
La guerre à jamais entre vous !
Renoncez à tant de colère !
Apaisez vos transports jaloux !

(*A la fin de l'ensemble, on entend sonner une cloche.*)

* N. lady Mac Grég. autres dames C, St-Ev. *au deuxième plan.*
** St-Ev. N. C. lady M. lady Cl. autres dames.

NELLY, *à Charles.*
C'est la cloche qui m'avertit
Qu'à l'instant l'entr'acte finit.
Au théâtre, vite je cours,
Pour faire arranger mes atours.

CHARLES , *à Nelly, pendant que l'habilleuse lui remet son manteau.*
Prenez mon bras...

LADY MAC GRÉGOR.
Le vôtre, Sire !
Y pensez-vous, en vérité ?
Si l'on vous voit, que va-t-on dire ?

CHARLES.
Que m'importe ?

LES DAMES.
Mais, Majesté...

CHARLES, *sévèrement.*
Assez ! car moi seul je désire
Avoir soin de ma dignité !

(*Il donne le bras à Nelly. Les gens du peuple entrent avec deux pages portant des torches et garnissent le fond.*)

ENSEMBLE.

LES DAMES.
C'est une horreur !   (*cinq fois*)

SAINT-EVREMOND, *à part.*
Pour moi, j'ai peur !   (*bis*)
C'est un malheur !   (*ter*)

(*Briquet entre vivement par la gauche et vient près de Saint-Evremond.*)

BRIQUET, *bas à Saint-Evremond* *.
Nous nous trompions... obéissance !
De Nelly seule, il faut nous occuper,
C'est dans l'intérêt de la France !

SAINT-EVREMOND, *à part.*
Je n'en pourrai pas réchapper !

REPRISE DE L'ENSEMBLE.

(*Charles se dispose à sortir avec Nelly, au grand scandale des dames de la cour. Le rideau baisse.*)

* Br. St.-Ev. N. C. etc.

FIN DU PREMIER ACTE.

ACTE DEUXIÈME.

Le théâtre représente un riche boudoir du palais de Windsor, un lustre allumé au milieu ; au fond, une grande porte fermée par des portières, et donnant sur une galerie illuminée pour un bal ; de chaque côté du théâtre trois grands portraits cachés par des rideaux ; chaises, pliants, etc.

SCÈNE PREMIÈRE.

SAINT-EVREMOND, BRIQUET, *ils entrent par le fond* *.

SAINT-EVREMOND. Briquet, je te préviens que ce métier me fatigue ; si cela continue longtemps, j'aimerai mieux me faire boxeur !

BRIQUET. Mais, monsieur le marquis...

SAINT-EVREMOND. Tu viens me relancer au milieu du bal de la cour...

* St-Ev. B.

BRIQUET. C'est dans l'intérêt de la France... Mais sommes-nous seuls ici.

SAINT-EVREMOND. Tu le vois bien. Voyons, parle... que viens-tu me dire ?

BRIQUET. Que vous vous déshonorez, monsieur le marquis.

SAINT-EVREMOND. Comment ?.. je paie toujours dans les vingt-quatre heures mes dettes de jeu, et je ne porte jamais quinze jours de suite le même pourpoint.

BRIQUET. Mais c'est un déshonneur pour vous que d'avoir mis trois mois à séduire, ou plutôt à ne pas séduire une danseuse, la petite Nelly, qui semble avoir ensorcelé Charles II... Chaque fois que je vous demande si vous devez être bientôt l'heureux vainqueur de cette belle insensible, vous me répondez... peut-être demain !.. c'est honteux !..

SAINT-EVREMOND. Oui, je devrais rougir !.. Moi, marquis et poète !.. double raison pour plaire aux femmes !.. Et cependant, je n'ai rien négligé... ni bouquets, ni duels... j'ai même acheté une villa près de la sienne, à Richemond... et je me livre à une stratégie des plus savantes, pour arriver à mon but.

BRIQUET. Mais ce but, quand l'atteindrez-vous ?

SAINT-EVREMOND. Peut-être demain !

BRIQUET. Encore demain ? M. l'ambassadeur veut une solution cette nuit.

SAINT-EVREMOND, *souriant.* Il appelle ça une solution ?

BRIQUET. Et comment voulez-vous qu'un homme grave appelle l'heure du berger ?.. Or donc, il s'agit de l'intérêt de la France dans les Grandes-Indes. Le cabinet de Versailles a besoin du cabinet de Windsor... pour contrecarrer le cabinet de Madrid.

SAINT-EVREMOND. Je comprends... c'est une question de cabinet, dont il faut que je fasse une question d'alcove.

BRIQUET. Vous avez parfaitement saisi, monsieur le marquis. Nous avons le plus grand besoin de l'appui de la favorite... et comme vous pourriez en cela temporiser, je viens vous rappeler la Bast...

SAINT-EVREMOND. Ne prononcez pas cet horrible mot... c'est un mot de Damoclès... suspendu sur ma tête !

BRIQUET. Plus que jamais. M. l'ambassadeur ne vous donne que la nuit.

SAINT-EVREMOND. Il est moins généreux que mon père... qui m'a donné le jour ! Mais comment M. l'ambassadeur veut-il que j'aille maintenant de Windsor à Londres... et que j'arrive chez Nelly à l'heure la plus indue... avec la naïveté d'un voleur ?

BRIQUET. C'est inutile... miss Nelly est venue d'elle-même à Windsor.

SAINT-EVREMOND. Que m'apprends-tu là ?.... Nelly au bal de la cour !.. au bal que la reine a ordonné elle-même, comme un moyen de fixer auprès d'elle, par les plaisirs, un époux trop disposé à chercher des distractions ailleurs !.. A coup sûr, Nelly ne fait pas partie des invités... et comment alors ?..

BRIQUET. Elle y est attirée dans un piège de ses nobles rivales, qui espèrent que la reine la fera chasser... et bannir peut-être du royaume... des trois royaumes... (*Remontant et regardant au fond.*) Et tenez... regardez... si je suis bien informé, c'est elle qui vient par ici, sous ce costume

de magicienne !.. Je crois d'ailleurs reconnaître cette taille ravissante.

SAINT-EVREMOND [*]. Maraud ! tu examines sa taille...

BRIQUET. Dans l'intérêt de la France... mais la voici... (*Redescendant.*) Je vous laisse... pensez aux Grandes-Indes... pensez à la Bastille et surtout...

> Air : *Qu'il est flatteur d'épouser celle.*

> Cette nuit même, avant l'aurore,
> De Nelly soyez le vainqueur :
> Gardez-vous de tarder encore,
> Car il y va de votre honneur !
> Voyez la honte sans pareille,
> Qui flétrirait votre destin...
> Toujours l'amoureux de la veille...
> Jamais l'amant du lendemain.

SAINT-EVREMOND, *à part.* Ce drôle a raison... Je me rouille chez les Anglais, je tourne au John-Bull. (*Nelly entre, Briquet la salue et sort.*)

SCENE II.

SAINT-EVREMOND, NELLY, *en costume de magicienne.*

NELLY, *à part* [*]. Ah ! j'étouffe sous mon masque. (*Elle l'ôte.*) Tomber dans un pareil piége ! (*Apercevant Saint-Evremond.*) Grand Dieu ! Monsieur de Saint-Evremond, je tombe dans un autre !..

SAINT-EVREMOND. Remettez-vous, charmante Nelly ! Quelle rencontre heureuse pour un infortuné qui ne respire que près de vous.

NELLY, *avec impatience.* Marquis, le moment est mal choisi pour me débiter ces fadeurs... vous voyez l'Anglaise la plus furieuse....

SAINT-EVREMOND. Vous ?

NELLY. Moi ! On m'a écrit que Charles II avait été blessé à la chasse au renard, mais blessé dangereusement.

SAINT-EVREMOND. Quel conte !

NELLY. Oui, Marquis, c'est un conte... et je suis accourue en toute hâte de ma villa de Richemond.

SAINT-EVREMOND. Comment, avec votre pénétration ?

NELLY. Ma pénétration ne m'a servi... qu'à pénétrer dans le bal !.. et qu'est-ce que j'aperçois ? Charles II dansant un menuet.

SAINT-EVREMOND. Je crois bien, Charles II se porte comme le pont de Londres.

NELLY. Il n'est pas blessé du tout ?

SAINT-EVREMOND. Pas le moins du monde ! Ne comprenez-vous pas que vous avez été attirée dans un piège... et que ce sont vos rivales ?..

[*] B. St-Ev.
[**] N. St-Ev.

NELLY. Les grandes dames?.. Oui, je m'en doutais.

SAINT-EVREMOND. Elles ont compté sur votre présence au bal de la cour pour provoquer un scandale. (*Remontant.*) Attention ! les voici !.. Remettez votre masque et pas un mot. (*Nelly remet son masque et passe à droite. — Les Dames entrent en toilette de bal.*)

SCÈNE III.

LES MÊMES, LADY CLEVELAND, LADY RIVERS, LADY CHESTERFIELD, LA DUCHESSE, MISS STUART, MISS WELLS, *puis* MAC GRÉGOR [*].

CHŒUR.

Air final du deuxième acte d'*Ivon le Majick.*

Qu'à l'instant on arrête
Les danses et la fête !
Ah ! c'est un tour odieux !
C'est un trait scandaleux !
C'est odieux !
C'est scandaleux !

SAINT-EVREMOND. Qu'y a-t-il donc, Mesdames ?

LADY CLEVELAND. Nous sommes indignement outragées.

MISS STUART. Cela crie vengeance.

LADY RIVERS, *à part.* Ma ruse a réussi.

LADY MAC GRÉGOR, *entrant* [**]. Je dois être pourpre.

SAINT-EVREMOND. Qu'est-ce donc, Milady ?

LADY MAC GRÉGOR. C'est vous, Marquis? Je vous dirai d'abord, avec ma franchise écossaise : Marquis, vous êtes un traître !

SAINT-EVREMOND. Et comment cela ?

LADY MAC GRÉGOR. Comment, vous étiez l'ami de ces dames... et quand je dis l'ami, je gaze...

LES DAMES. Milady !..

LADY MAC GRÉGOR. Vous ne voulez pas que je gaze?.. Je dirai alors avec ma franchise écossaise, qu'il était...

LES DAMES. Milady ! Milady !

LADY MAC GRÉGOR. Je regaze... et au lieu de vous rester fidèle comme un king Charles, monsieur le Marquis s'est maintenant attaché au char, non, au charriot d'une saltimbanque.

NELLY, *passant parès de lady Mac Grégor* [***]. Milady, un pareil mot !

LADY MAC GRÉGOR. Qu'est-ce que ça vous fait ?

NELLY, *se démasquant.* Je suis Nelly, la danseuse !

LES DAMES. C'est elle, Nelly !

LADY MAC GRÉGOR. Nelly ici ! Et ces corniches ne s'écroulent pas d'indignation, et ces bougies ne pâlissent pas d'horreur !.. Scandale ! abomination !

LADY CHESTERFIELD, *passant près de lady Rivers* [*]. Une danseuse au château de Windsor.

LADY CLEVELAND. Une comédienne à la cour !

SAINT-EVREMOND. Mesdames, Mesdames, ne vous battez pas.

NELLY. Et pourquoi pas ?.. Vous y êtes bien, vous ?

Air : *J'en guette un petit de mon âge.*

Si nous bravons toutes la médisance,
Je lui livre un nom ignoré !
Et vous avez, vous, de haute naissance,
Terni votre blason doré.
Au même honneur devez-vous donc prétendre ?
Au même rang devrait-on nous compter?
Car ce chemin, qui m'a fait tant monter...
Servit à vous faire descendre !

LADY CLEVELAND. Effrontée, un tel outrage !..

SAINT-EVREMOND. De grâce, Mesdames, ne vous arrachez pas les yeux ?

LADY MAC GRÉGOR. C'est à faire dresser nos cheveux, ma parole d'honneur !

LADY RIVERS. Oh! appelons nos gens... et qu'ils la chassent.

TOUTES. Oui! oui! qu'ils la chassent, elle ne peut rester. (*Elles remontent; Charles II entre.*)

SCÈNE IV.

LES MÊMES, CHARLES, DEUX PAGES, *qui restent au fond.*

CHARLES [**]. Elle restera pourtant.

TOUS. Le roi !

CHARLES. Elle restera !

LADY CLEVELAND. Mais, vous ignorez, sire...

NELLY. Vous ne savez pas...

CHARLES. Je sais tout. (*Aux Dames.*) A l'aide d'une trahison, vous avez attiré à la cour miss Nelly qui ne demandait pas à y venir, que je ne voulais pas y introduire moi-même... Vous avez voulu qu'elle vînt ici pour l'humilier en la faisant chasser... Eh bien ! il n'en sera pas ainsi! Elle y est venue par vous, elle y restera par moi.

SAINT-EVREMOND, *à part.* Diable ! la position se complique.

LADY CLEVELAND. Sire, votre volonté toute puissante ne va pas jusqu'à briser nos priviléges, et pour avoir droit de présentation à la cour, il faut un titre.

CHARLES. Elle en a un.

LADY CLEVELAND. Danseuse !

CHARLES. Fille d'honneur de la duchesse d'Yorck.

NELLY. Moi, sire ?

CHARLES. Je vous élève à cette dignité.

NELLY, *souriant*. Ah ! Sire, les rois sont donc bien puissants.

LADY MAC GRÉGOR. Nelly, fille d'honneur !

SAINT-EVREMOND, *bas*. Et pourquoi pas ?.. ce poste est si souvent une sinécure ?

LADY MAC GRÉGOR. Vous n'y pensez pas, sire !.. c'est une femme impossible !

NELLY. Comment ! je suis impossible !

CHARLES, *après avoir fait un signe aux deux pages qui sortent*. J'ai satisfait aux priviléges de l'étiquette, Mesdames ; maintenant, je vais satisfaire aux vôtres.

LADY CLEVELAND. Que voulez-vous dire ?

CHARLES. Il en est un que vous avez toutes respecté... celui de la favorite en titre... celui de souper dans le boudoir, en tête-à-tête, avec le roi. (*A ce moment, les deux pages apportent une table servie avec deux couverts, la placent à droite sur le devant et vont se replacer au fond.*)

SAINT-EVREMOND, *à part*, Que va-t-il faire ? (*Il remonte, ainsi que lady Mac Grégor.*)

CHARLES, *à Nelly*. Nelly, prenez place à cette table !

SAINT-EVREMOND, *à part, redescendant* *. Me voilà bien ! il va souper avec elle !

LES DAMES. Sire, nous protestons !

LADY MAC GRÉGOR. Je proteste !

CHARLES, *aux dames*. Vous êtes prises au piége que vous avez tendu, vous avez fait de Nelly la favorite en titre !.. Maintenant, Mesdames, je ne vous retiens plus... et que nulle de vous n'essaie de pénétrer ici !..

LADY RIVERS, *bas, aux autres dames*. C'est ce que nous verrons !.. oui... un moyen infaillible... préparé depuis longtemps... Venez, je vous dirai... (*Elles remontent.*)

SAINT-EVREMOND *à part* **. Que faire ! morbleu ! je saurai troubler ce tête-à-tête !

ENSEMBLE.

Air :

LES DAMES.

Lui rendre un tel hommage,
C'est nous faire un outrage,
Qui double notre rage !
Devons-nous le souffrir ?
Si nous sommes des femmes,
Si nous avons des âmes,
Nous serions des infâmes

* Miss W. la duch. lady Ch. lady R. miss St. lady Cl. St.-Ev. lady M. C. N.

** Lady M. St.-Ev. C. N. Les autres dames, *au fond.*

De ne pas le punir !

CHARLES.

Lui rendre un tel hommage,
C'est vous faire un outrage
Qui double votre rage,
Il faut en convenir !
Mais de vos épigrammes,
Autant que de vos trames,
A tout jamais, Mesdames,
Je veux me garantir !

SAINT-EVREMOND.

Lui rendre un tel hommage,
C'est leur faire un outrage
Qui redouble leur rage
Au lieu de l'adoucir !
Mais je crains que ces dames,
Malgré leurs vives flammes,
De leurs profondes trames,
N'aillent se repentir !

NELLY.

Me rendre un tel hommage,
C'est vous faire un outrage
Qui double votre rage,
Il faut en convenir !
Mais de vos épigrammes,
Autant que de vos trames,
Par moi-même, Mesdames,
Je veux me garantir !

(*Saint-Evremond et les dames sortent, suivis des deux pages. Nelly retire sa robe de magicienne, qu'elle pose au fond sur une chaise, et se trouve en riche costume de bal.*)

SCENE V.

NELLY, CHARLES, *puis* UN PAGE.

NELLY *. Quel excès d'honneur, sire !.. souper avec vous... dans ce boudoir !

CHARLES. Oui, surtout dans ce boudoir... car c'est celui de mes favorites.. j'ai là les portraits de toutes ces dames...

NELLY. Où donc ?

CHARLES. Vous allez voir ! (*Il va au fond, pousser un ressort, aussitôt les rideaux s'ouvrent et laissent voir de chaque côté trois portraits en costumes mythologiques.*)

NELLY **. Ah ! oui.. en effet.. je les reconnais... milady Cleveland... lady Rivers... miss Stuart... la duchesse de Portsmouth... miss Wells... lady Chesterfield... elles y sont toutes... Et le mien, sire ?..

CHARLES. Il n'y sera jamais !

NELLY. Pourquoi ?

CHARLES. Parce que je n'y mets que celui des favorites que je congédie.

NELLY. A la bonne heure !.. mais je ne veux pas de la présence de ces belles dames.., même en

* N. C.

** C. N.

peinture... pendant que je soupe avec vous... vous pourriez les regarder.

CHARLES. Jalouse. (*Il va pousser de nouveau le ressort; les rideaux se referment. Redescendant.*) Et maintenant, mettons-nous à table !

NELLY. Voilà un faisan qui me paraît délicieux... ça me fait penser... Un moment, sire, j'ai promis d'obtenir la grâce d'un braconnier.

CHARLES. Demandez-moi toute autre chose, Nelly... ces drôles finiraient par exterminer tout mon gibier de Woodstock et d'Hamptoncourt...

NELLY. Mais...

CHARLES. Parlons plutôt de notre amour ! je vous trouve ce soir plus jolie que jamais... et je ne vous ai pas encore embrassée...

NELLY. Un instant, sire ! faveur pour faveur ! je veux cette grâce...

Air nouveau de M. J. Narjeot.

Mon beau sire
Et chevalier,
Je désire
La grâce du braconnier.
Ah ! quand j'implore
Son pardon,
Direz-vous encore :
Non !

CHARLES. Le moyen de vous refuser ?.. Vous aurez cette grâce... mais en revanche... (*Il veut l'embrasser.*)

NELLY, *passant à droite.* Attendez donc, sire !..

CHARLES. Vous me faites attendre ma récompense ?

NELLY. Je vous parais injuste... jugez alors de ce que vous devez paraître à beaucoup de monde...

CHARLES. Moi ?

NELLY. Vous, sire !.. et notamment à vos vieux soldats... voici vingt fois que je vous demande en vain de fonder un hôpital militaire à Chelséa...

CHARLES. Mais, ma petite Nelly...

NELLY. Il n'y a pas de petite Nelly... Vous voulez ressembler à Louis XIV... eh bien ! il vient de faire bâtir l'hôtel des Invalides !..

CHARLES. Mais je n'ai pas d'argent !

NELLY. Ah ! sire, vous en trouvez bien pour donner des fêtes !

Même air.

Favorite,
Ma voix, hélas !
Sollicite
Un toit pour vos vieux soldats !
Aux yeux de Londres,
Soyez bon !
Allez-vous répondre :
Non !

CHARLES. Oui, vous avez raison, Nelly... mes

* N. C.

vieux soldats méritent un asile... je ferai présenter demain un bill au Parlement...

UN PAGE, *entrant et s'arrêtant au fond*. Sire, M. le marquis de Saint-Evremond demande à parler à Votre Majesté, pour une affaire urgente.

CHARLES. L'importun ! faites donc entrer ! (*Saint-Evremond entre et le page sort.*)

SCÈNE VI.
CHARLES, NELLY, SAINT-EVREMOND **.

SAINT-EVREMOND, *à Charles.* Sire !.. sire !.. j'accours auprès de vous en toute hâte !

CHARLES. Qu'est-ce donc, Marquis ?

SAINT-EVREMOND. C'est l'ambassadeur de France qui vient d'arriver dans les salons... son excellence désire avoir une entrevue avec Votre Majesté.

CHARLES. Son exellence prend mal son temps... et quand même il s'agirait de l'équilibre de l'Europe...

SAINT-EVREMOND. Mais il s'agit de bien autre chose, sire. C'est un superbe habit de vingt mille pistoles que vous envoie Louis XIV.

CHARLES. C'est différent ! une politesse de notre bien-aimé frère de France... je serais coupable de n'y pas répondre avec courtoisie... je me rends immédiatement auprès de M. de Brienne... Excusez-moi, Nelly... M. de Saint-Evremond vous tiendra compagnie. (*Il porte à ses lèvres la main de Nelly et sort.*)

SAINT-EVREMOND, *à part, passant à droite.* Voilà bien Charles II ! Il oublie son royaume pour sa maîtresse... et sa maîtresse pour un pourpoint !..

SCÈNE VII.
SAINT-EVREMOND, NELLY.

SAINT-EVREMOND ***. Nous voilà seuls, Nelly! je suis encore assez heureux, pour pouvoir vous parler de mon amour !

NELLY. Votre amour ?.. je vous ai défendu.

SAINT-EVREMOND. Hélas ! oui... et maintenant que je le vois si cruellement dédaigné... j'ai envie de regretter l'issue de ce duel, où je me suis battu pour vous contre un libelliste infâme !.. Oui, au lieu d'être vainqueur, pourquoi n'ai-je pas été victime ?.. Pourquoi n'ai-je pas trouvé une tombe prématurée pour une si belle cause ?.. Pourquoi n'ai-je pas exhalé mon dernier soupir en combattant pour vous ?.. Pourquoi ?.. (*A part.*) Ah ! que c'est fatigant !

NELLY. Que dites-vous ?

SAINT-EVREMOND. Vous m'auriez plaint peut-être !.. vous auriez donné une larme à ma mémoire !.. et moi-même... je serais délivré des tour-

* C. le P. N.
** St-E. C. N.
*** N. St-E.

ments que j'endure, tandis que maintenant, forcé de supporter une existence qui me pèse... (*A part.*) Ah! que c'est fatigant!

NELLY. Ne parlez pas ainsi, Marquis.

SAINT-EVREMOND. Et ne voyez-vous pas que mon désespoir m'égare... et qu'auprès de vous je ne suis plus qu'un fou... un insensé en délire? (*A part.*) Venons aux grands moyens... (*Haut, tirant un pistolet de sa poche, se mettant à genoux.*) Écoutez-moi, de grâce... où je me brûle la cervelle à vos pieds!.. (*A part.*) Ah! que c'est fatiguant!

NELLY. Je n'en crois rien!.. je connais ce charlatanisme... Mais vous avez donc juré de me compromettre!.. c'est indigne!.. (*Air du God save the king à l'orchestre.*)

SAINT-EVREMOND.

Air : *Une fièvre brûlante.*

Une fièvre brûlante
Me dévore le cœur,
Et fait de mon ardeur
Une peine accablante.
Ah! croyez-le, de vous, hélas!
Dépend ma vie ou mon trépas,
Accueillez mon martyre
Par un regard plus doux
Ou de douleur, j'expire,
De suite à vos genoux.

(*A part.*) Ah! que c'est fatiguant!

NELLY. On vient... encore fois, relevez-vous!..

(*En ce moment on voit passer au fond un cortége de dames et de seigneurs accompagnant la reine. Saint-Evremond se relève et cache son pistolet.*)

SCÈNE VIII.

LES MÊMES, LA REINE, DES DAMES DE LA COUR, DES SEIGNEURS, DES PAGES, *passant dans la galerie du fond.*

NELLY, *regardant au fond, à Saint-Evremond*[*]. Que vois-je?.. répondez-moi... cette dame... avec une écharpe aux armes d'Angleterre?..

SAINT-EVREMOND. C'est sa majesté la reine (*Il remonte et va saluer la reine.*

NELLY. La reine!

Air :

Est-ce un rêve?.. que vois-je?.. oui, c'est ma bienfaitrice!
C'est celle, dont la main dans un jour de malheurs
Pour moi, qui succombais, se montra si propice,
Et me fit par l'aumône un avenir meilleur!
Je me rappelle encore... oui, pauvre infortunée!
Ma faim... et sa guinée!..
Sa guinée!
O reine, bonne fée à qui je dois mon sort,
Je veux, pour m'acquitter, te rendre plus encor!

Comment faire?.. (*Voyant Saint-Evremond qui redescend.*) Ah!... (*Le cortége a disparu.*)

[*] N. St.-E.

SCÈNE IX.

SAINT-EVREMOND, NELLY, *puis* BRIQET.

NELLY, *vivement*[*]. Marquis, m'aimez-vous?.. m'aimez-vous, Marquis?

SAINT-EVREMOND, *à part*. Est-ce qu'elle s'humanise à la fin ? (*Haut.*) Si je vous aime?..

NELLY, *après un temps, avec explosion*. Voulez-vous m'épouser?

SAINT-EVREMOND, *à part*. Voilà une proposition...

NELLY. Marquis, je vous ferai duc... je vous ferai...

SAINT-EVREMOND. Je ne doute pas, Madame, de tout ce que vous me ferez... mais vous oubliez sans doute...

NELLY. Qu'il y a des obstacles?.. Nous pouvons les franchir... nous prenons une chaise de poste... et fouette cocher, à Greetna-Green !..

SAINT-EVREMOND. Greetna-green... oh ! oui... je connais... c'est un village situé dans les brouillards de la Calédonie... on y est marié tout de suite, d'après la loi écossaise.

NELLY. Sans formalités, sans témoins...

SAINT-EVREMOND. Sans formalités, sans témoins.. cela me va supérieurement.

NELLY. Eh bien ! alors?..

SAINT-EVREMOND. Eh bien ! adorable Nelly, je trouve que, pour nous marier de la sorte, nous n'avons pas besoin d'aller si loin.

NELLY. Ah ! Monsieur !... pour qui me prenez-vous ?

SAINT-EVREMOND. Je vous prends pour une fille d'honnenr !

NELLY. Je ne veux plus rien entendre!

SAINT-EVREMOND. J'étais décidé à prendre note de votre vertu... comme d'une des curiosités les plus rares que j'aie rencontrées dans le cours de mes voyages...

NELLY. Ma vertu?

SAINT-EVREMOND. J'allais la mettre sur la même ligne que la tour de Pise... dont la chute est toujours ajournée au lendemain... et si la vôtre ne doit avoir lieu qu'à Greetna-green, si un voyage est nécessaire...

NELLY. Vous y consentez donc?... vous m'enlèverez?

SAINT-EVREMOND. Oui! (*A part.*) quel caprice !

NELLY. Vous me respecterez?

SAINT-EVREMOND. Oui ! (*A part.*) Quelle demande !

NELLY. Vous m'épouserez!

SAINT-EVREMOND. Oui... à Greetna-green... (*A part.*) Quelle illusion !

NELLY. Vous me le jurez?

SAINT-EVREMOND. Comment donc! Je vous ferais tous les serments! (*A part.*) Qu'importe! ce sont des serments politiques !

[*] N. St-E.

NELLY. Eh bien ! partons... mais, à l'heure qu'il est, quel moyen. (*Briquet entre.*)

SAINT-EVREMOND. Le moyen ? le voici qui vient à nous !

BRIQUET, *bas à Saint-Evremond*. Eh bien !... Monsieur le marquis... les Grandes Indes ? la solution ?...

SAINT-EVREMOND. La solution ?.. ah ! oui, c'est le mot diplomatique... Eh bien ? ma chaise de poste... aux solutions... où est-elle ?

BRIQUET. A deux milles d'ici... à votre villa de Richemond.

SAINT-EVREMOND. Va la chercher sur l'heure, et amène-là à la grille du parc, sur les bords de la Tamise... Combien de temps te faut-il ?

BRIQUET. Une heure.

SAINT-EVREMOND. C'est trop long. (*Tirant sa montre.*) A quatre heures... dans vingt-cinq minutes...

BRIQUET. Il faudra crever trois chevaux.

SAINT-EVREMOND. Crève... dans l'intérêt de la France. (*Briquet sort. — A Nelly* **.) Maintenant, remettez votre costume de magicienne. Mes ordres sont donnés : à quatre heures, une voiture fermée, à la grille du parc... sur les bords de la Tamise.

NELLY. J'y serai... (*Regardant au fond.*) Mais, prenez garde, voici le roi !

SAINT-EVREMOND. Le roi ! il va vous retenir... quel contretemps ?

NELLY. Silence !

<hr>

SCÈNE X.
LES MÊMES, CHARLES.

CHARLES, *entrant* ***. Enfin, j'ai pu me débarrasser de l'ambassadeur de France, et j'accours ; une autrefois, Marquis, quand vous m'annoncerez un habit, et qu'il ne s'agira que des Grandes Indes.

SAINT-EVREMOND. Quoi ! sire, cet habit brodé, passementé...

CHARLES. Votre ambassadeur ne m'a parlé que de Pondichéry... quant à l'habit, il n'est pas arrivé.

SAINT-EVREMOND. Ah ! sire, j'avais donc bien mal compris... que d'excuses à vous faire !

CHARLES. C'est bien, c'est bien, nous connaissons la tête fole des poètes, et, à propos, ces dames vous attendent pour leur improviser quelque madrigal.

SAINT-EVREMOND. Sire, je suis en froid avec Apollon.

CHARLES. Vous ne leur ferez pas défaut au moins pour danser un menuet.

SAINT-EVREMOND. J'ai renoncé à Therpsicore.

CHARLES. En ce cas, le pharaon vous attend.

SAINT-EVREMOND. Je suis brouillé avec Plutus.

CHARLES, *tirant une bourse de sa poche.* Qu'à cela ne tienne, mon cher marquis, voici ma bourse pleine de carolus d'or.... (*Mouvement de Saint-Evremond.*) je vous prie de jouer pour moi... prenez ma place au jeu de la reine.

SAINT-EVREMOND, *à part, prenant la bourse.* Allons... il le faut ! (*Il remonte : Nelly laisse tomber son mouchoir, il redescend, le ramasse et le lui rend*).

NELLY, *bas à Saint-Evremond* *. A quatre heures !

SAINT-EVREMOND, *bas.* Mais lui !

NELLY, *bas.* N'importe, j'y serai !

SAINT-EVREMOND, *à part.* Vivat ! nous sommes manche à manche, mon beau sire ! j'aurai la belle. (*Il sort.*)

<hr>

SCÈNE XI.
CHARLES, NELLY, *puis* LADY MAC GRÉGOR.

NELLY, *à part, passant à droite* *. Seule avec lui ! prenons garde ! nous sommes si faibles dans le corps de ballet !

CHARLES. Soyez donc roi pour n'avoir pas un instant de liberté ! Enfin, chère Nelly, j'espère que nous allons souper !

NELLY. Non, Sire, c'est impossible... j'ai réfléchi, je n'ai plus faim.

CHARLES. Comment ! la réflexion a suffi pour... quel est donc ce caprice ?

NELLY. Toujours le même pour Dickson le dragon, que je ne retrouve plus ici.

CHARLES. Quoi ?

NELLY. Ici, au sein de la cour, au milieu de ces splendeurs... pardonnez-moi, Sire, je ne vois que le roi d'Angleterre.

CHARLES. Pourtant, chère Nelly...

NELLY. Ailleurs encore, je puis me faire illusion, croire que vous m'appartenez à moi seule, mais, dans ce boudoir, devant les portraits de toutes vos maîtresses, sous le même toit que votre femme, la reine...

CHARLES. Vous songez à la reine ?

NELLY. Et vous n'y songez pas... Tenez, Sire, restez roi toute cette nuit, et demain, à ma villa de Richemond, Dickson viendra retrouver Nelly.

LADY MAC GRÉGOR ***, *entrant en riant.* Ah ! ah ! ah ! c'est trop fort !

CHARLES ET NELLY. Lady Mac Grégor.

CHARLES. Vous ici ?

LADY MAC GRÉGOR. Oui, Sire, moi.

CHARLES. Malgré mes ordres.

LADY MAC GRÉGOR, *regardant Nelly.* Il l'a fallu.

NELLY, *à part.* Qu'a-t-elle donc ?.. Comme elle me regarde !.. quelque perfidie.

<hr>

* N. St-E. B.
** N. St-E.
*** N. C. St-E.

* N. St-E. C.
** C. N.
*** C. lady M. N.

LADY MAC GRÉGOR. Je viens pour... (*Eclatant de rire.*) Ah! ah! ah! (*Sur un regard du roi.*) Pardon, Sire, je ris d'un mot de lord Rochester.

NELLY, *remontant.* Sire, je vous laisse.

CHARLES, *allant à elle et voulant lui donner la main* [*]. Permettez, du moins...

NELLY, *reprenant sa robe de magicienne*, Restez, Sire, je saurai bien retrouver mon chemin.

LADY MAC GRÉGOR, *à part.* Créature fallacieuse!

CHARLES, *à Nelly.* Adieu, jusqu'à demain. (*Il lui baise la main.*)

NELLY. Adieu. (*A part.*) Pour toujours. (*Elle sort.*)

SCÈNE XII.

CHARLES, LADY MAC GRÉGOR.

CHARLES, *redescendant* [**]. Maintenant, Milady, m'expliquerez-vous pourquoi vous êtes venue?

LADY MAC GRÉGOR. Pour l'honneur de votre couronne, pour vous dire, avec ma franchise écossaise, qu'on vous trompe... comme un mari.

CHARLES. Me tromper! moi!.. Qui? Nelly, qui m'aime tant.

LADY MAC GRÉGOR, *riant.* Vous croyez ça?.. Ah! ah! ah! je n'y tiens plus.

CHARLES. Milady!

LADY MAC GRÉGOR, *cessant de rire.* Pardon, Sire, je ne ris plus. (*On entend rire derrière les rideaux des portraits.*)

CHARLES. Encore!

LADY MAC GRÉGOR. Ce n'est pas moi, c'est dans le bal. Ah! Sire, vous m'étonnez, vous, l'élève de l'amour,... et le mien.

CHARLES. Que prétendez-vous?

LADY MAC GRÉGOR. Ah! Sire, vous vous montrez indignement naïf... Où donc est allée Nelly?

CHARLES. A sa maison de plaisance.

LADY MAC GRÉGOR, *riant.* Vous croyez ça? Ah! ah! ah!

CHARLES. Milady!

LADY MAC GRÉGOR. Je ne ris plus, Sire. (*Un entend rire derrière les rideaux des portraits.*)

CHARLES. Cependant...

LADY MAC GRÉGOR. Ce n'est pas moi. Ah! vous vous imaginez que les femmes du peuple ne trompent pas comme les grandes dames.

Air d'*Haydée.*

Ainsi que nous, (*bis*)
Du feu d'amour votre Nelly s'enflamme!
Son cœur ressemble à l'amadou!
Foi d'Écossaise! Elle est faible, elle est femme
Ainsi que nous!
Ni plus ni moins, ainsi que nous!
Ainsi que nous, (*bis*)

[*] Lady M. C. N.
[**] Lady M. C.

Quand un amour pour elle est nécessaire,
Le superflu lui semble doux,
Et ce sont deux amants qu'elle préfère...
Ainsi que nous!
Ni plus ni moins, ainsi que nous!

CHARLES. Que voulez-vous dire? achevez!

LADY MAC GRÉGOR. Nelly vous quitte pour aller au rendez-vous d'un autre.

CHARLES. C'est impossible.

LADY MAC GRÉGOR, *riant.* Vous croyez ça?.. Ah! ah! ah!

CHARLES. Milady!

LADY MAC GRÉGOR. Je ne ris plus. (*Les rires continuent derrière les rideaux.*)

CHARLES. Comment?

LADY MAC GRÉGOR. Ce n'est pas moi!

CHARLES. Et qui donc?

LADY MAC GRÉGOR. Les témoins de ce rendez-vous donné.

CHARLES. Où sont-ils?

LADY MAC GRÉGOR. Les voilà.

(*Elle va pousser le ressort. — Tout-à-coup les rideaux s'ouvrent, et l'on aperçoit chacune des dames de la cour dans un cadre, à la place et avec le costume mythologique de son portrait et dans la même attitude.*)

SCENE XIII.

LES MÊMES, LADY CLEVELAND, LADY CHESTERFIELD, LA DUCHESSE DE PORTSMOUTH, LADY RIVERS, MISS WELLS, MISS STUART.

ENSEMBLE.

Air:

LES DAMES.

Jamais nos portraits si fidèles,
N'ont pu si bien tromper les yeux!
Car nous voici, nous les modèles,
Pour les remplacer dans ces lieux.

CHARLES ET LADY MAC GRÉGOR.

Jamais leurs portraits si fidèles
N'ont pu si bien tromper les yeux!
Ce sont maintenant les modèles,
Qui les remplacent dans ces lieux!

CHARLES [*]. Vous, Mesdames, vous! quand j'avais défendu...

LADY RIVERS. De passer le seuil de cette porte, nous ne l'avons pas franchi.

LADY CLEVELAND. Remerciez-nous, Sire, nous venions troubler vos amours avec Nelly, il est vrai, et nous avons découvert les siens avec...

CHARLES, *vivement.* Avec qui?

[*] Miss W. lady R. lady Cl. lady M. G. lady Ch. miss St. la duch.

LADY CHESTERFIELD. Avec M. de Saint-Evre-mond.

CHARLES. Vous mentez !

MISS STUART. Il va l'attendre à la grille du parc.

CHARLES. Vous mentez.

LA DUCHESSE. Sur les bords de la Tamise.

CHARLES. Vous mentez !

MISS WELLS. A quatre heures.

CHARLES. Vous mentez, vous dis-je ! serait-il possible ! Nelly... Je vais me convaincre par mes yeux. (*Il remonte*).

LADY MAC GRÉGOR, *au fond.* Où courez-vous ?

CHARLES. Au rendez-vous... laissez-moi ! laissez-moi ! (*Il sort vivement.*)

TOUTES, *à lady Mac Grégor.* Milady ! milady ! ne le quittez pas !

LADY MAC GRÉGOR. Je vole sur ses traces comme un papillon ! (*Elle sort. — Les dames descendent de leurs cadres.*)

SCÈNE XIV.

LES MÊMES, *excepté Charles et lady Mac Grégor. Musique en sourdine à l'orchestre pendant cette scène.*

Air de la *Vivandière.*

CHŒUR *.

Eh ! quoi ! malgré tous nos discours,
Il croit à sa constance !
Ah ! c'est montrer, dans les amours,
Vraiment trop d'innocence !

LADY CLEVELAND. Quelle honte, Mesdames !... Charles II courir après Nelly ! (*Elles remontent toutes, et se groupent près de la porte du fond.*)

LADY RIVERS, *à gauche de la porte du fond, regardant au fond à droite.* Voyez ! voyez !.. comme il s'élance à travers le bal !

MISS WELLS, *de même.* Il disparaît dans la salle des gardes ! Je ne l'aperçois plus !..

LADY CLEVELAND, *qui était avec les autres dames, à droite de la porte du fond, regardant vers la gauche.* Mais, en revanche, regardez donc, Mesdames, dans l'embrasure de cette fenêtre...

MISS STUART. C'est Nelly. (*Lady Rivers et miss Wells passent à droite auprès des autres dames.*)

LA DUCHESSE. Et cet homme, auquel elle parle ?..

LADY CHESTERFIELD. Le barbier de la reine !

MISS STUART. Il s'éloigne... elle le suit...

LA DUCHESSE. Elle s'arrête un moment...

LADY CHESTERFIELD. Elle remet un billet à un page...

LADY CLEVELAND. Que signifie ?

LADY RIVERS. Ah ! voyez donc maintenant, M. de Saint-Evremont... il se dirige de ce côté...

MISS WELLS. Viendrait-il ici ?

* Miss W. lad. R. lady Cl. lady Ch. miss St. la duch.

LADY CHESTERFIELD. Oui... il entre dans la galerie.

MISS STUART. Qu'il ne nous voie pas ! (*Elles redescendent toutes.*)

LADY CLEVELAND. A nos portraits, Mesdames, et nous saurons tout !

TOUTES. Oui, à nos portraits ! (*Elles remontent toutes dans leurs cadres.*)

LADY RIVERS. Mais les rideaux !.. Eh ! vite... vous, lady Cleveland ! (*Lady Cleveland pousse le ressort, tous les rideaux se referment.*)

SCÈNE XV.

SAINT-EVREMONT, *puis* NELLY.

SAINT-EVREMOND, *entrant, un billet à la main.* Que signifie ce billet doux ?.. (*Lisant.*) « Marquis, « vous êtes un infâme... j'ai sept explications à « vous demander... je vous attends au boudoir « des portraits... (*Regardant autour de lui.*) Elle m'attend... c'est-à-dire... c'est moi... qui l'attend... Les femmes ont des expressions à elles !

NELLY, *entrant, elle tient à la main sa robe de magicienne, qu'elle met au fond sur une chaise, à part *.* Bien, ma fille... voilà une conduite qui t'élève plus haut que toutes les pirouettes... Mais voyons donc... (*Comptant sur ses doigts.*) Le roi... la reine... le barbier... moi et le marquis... (*Apercevant Saint-Evremond.*) Le voilà... tout va bien... (*Elle jette un coup-d'œil sur la table servie.*)

SAINT-EVREMOND. Charmante Nelly... je vous attendais avec une impatience...

NELLY. Dites-vous vrai ?.. votre amour ?.. vous avez reçu ma lettre où je vous demande un certain nombre d'explications ?..

SAINT-EVREMOND. Sept... nombre de mauvaise augure... nous avons les sept péchés capitaux... les sept plaies de l'Égypte... et sa majesté à justement sept ministres !

NELLY. Ne raillez pas, Marquis. J'ai été trop prompte à me laisser éblouir par vos tendres protestations... mais avant de vous suivre, je veux savoir à quoi m'en tenir...

SAINT-EVREMOND. Et sur quoi ?

NELLY. Sur votre passion.

SAINT-EVREMOND. Demandez-moi une preuve quelconque.

NELLY. Me jurez-vous d'avance d'y consentir ?

SAINT-EVREMOND. Je vous le jure ! (*A part.*) Échappons à la Bastille !

NELLY. Foi de gentilhomme ?

SAINT-EVREMOND. Foi de gentilhomme !

NELLY. Eh bien ! donnez-moi la main pour me conduire...

SAINT-EVREMOND. A Greetna-Green ?

* St-E. N.

NELLY. Non... à cette table... pour souper avec moi...

SAINT-EVREMOND. Ici ?

NELLY. Ici.

SAINT-EVREMOND. Avec le souper du roi ?

NELLY. Je l'ai refusé avec lui : je l'accepte avec vous

SAINT-EVREMOND, *à part.* M'aimerait-elle réellement ?.. j'en frissonne !..

NELLY. Marquis, réfléchissez... maintenant, ou jamais !

SAINT-EVREMOND, *à part.* Ah ça ! n'échapperais-je à la Bastille que pour aller à la tour de Londres ?

NELLY. Eh ! quoi ! vous hésitez ? quand j'ai votre parole de gentilhomme !

SAINT-EVREMOND. Jamais, ma toute belle, jamais ! Pardieu ! je n'ai pas reculé à Rocroy devant le feu de l'infanterie espagnole, je ne reculerai pas à Windsor devant celui de vos beaux yeux !

(Il lui donne la main et ils vont se mettre à table. Saint-Evremond verse du champagne.)

ENSEMBLE.

Air de la ballade de *Lovelace.*

De cette mousse
Brillante et douce,
Gais amoureux,
Buvons tous deux.   (*bis.*)
Nectar de France,
Ton influence
Ote aux amants
Tous les tourments.   (*bis.*)

SAINT-EVREMOND.
Buvez encor un second verre.

NELLY, *prenant une autre bouteille.*
Prenons même un second flacon.

SAINT-EVREMOND.
Buvez donc !

NELLY.
Vous ne buvez guère !
Je veux vous servir d'échanson !

(Elle lui verse à boire.)

ENSEMBLE.
De cette mousse, etc.

NELLY, *à part.* Gagnons du temps. (*Haut.*) A merveille, Marquis... mais buvez donc... car, d'après un proverbe grec ou hébreu... la vérité est dans le vin... et je tiens à la savoir.

SAINT-EVREMOND, *riant.* Prenez garde... le champagne... c'est un vin gascon... géographie à part.

NELLY. N'importe... mes sept explications ?

SAINT-EVREMOND. Toujours ce chiffre fatal... je ne vois d'agréable, en fait de sept, que sept jolies femmes...

NELLY. Comme, par exemple, les sept favorites les plus célèbres de Charles II...

SAINT-EVREMOND. Ou huit.. en vous comptant.

NELLY. Ne parlons pas de moi. On assure que vous les avez compromises toutes...

SAINT-EVREMOND. Quelle calomnie ! c'est m'attribuer l'impossible !

NELLY. Eh bien !.. que vous les avez toutes séduites... avouez-le.

SAINT-EVREMOND. Je serais un fanfaron, un rodomont... jamais ! la seule que je veux aimer et séduire c'est vous, vous seule au monde.

Même air.

Allons, cédez à ma tendresse !
Je veux ici trouver ce soir
Mon épouse dans ma maîtresse,
Et Greetna-green dans ce boudoir.

ENSEMBLE.

De cette mousse, etc.

SAINT-EVREMOND, *se rapprochant de Nelly.* Et maintenant ?..

NELLY. Maintenant, plus que jamais, je tiens à mes sept explications...

SAINT-EVREMOND. Eh bien ! je vous en donnerai quatorze !.. (*Il commence à être gris et se lève, son verre à la main.*) J'ai eu une grande audace dans ma vie... c'est d'avoir osé être le rival... devinez de qui ?..

NELLY, *se levant.* Du monde entier ?

SAINT-EVREMOND. Bien plus... du soleil !..

NELLY. Comment du soleil ?

SAINT-EVRENOMD. C'est toujours à cet astre qu'on a comparé Louis XIV. « Marquis de Saint-« Evremond, me dit-il, vous avez voulu séduire « une de nos maîtresses... — c'est-à-dire, Sire, « une de vos... — Marquis, les rois parlent au « pluriel... — Sire, le pluriel, en ce cas, est peu « agréable pour les dames ! »

NIELLY, *lui versant à boire.* Buvez toujours.

SAINT-EVREMOND. « Marquis de Saint-Evre-« mond, reprit sa majesté très chrétienne, mais « fort peu catholique, vous avez voulu séduire « une de nos maîtresses... nous vous condam-« nons... »

NELLY. A quoi ?

SAINT-EVREMOND. A quoi ? eh bien ! c'est ce que je ne puis vous dire, car la Bastille...

NELLY. La Bastille ?... encore une de vos maîtresses ?

SAINT-EVREMOND. Question naïve d'une jeune anglaise ! c'est la tour de Londres de Paris, et je suis menacé de ce domicile politique... mais ne parlons plus de cela... ne parlons que de notre amour ?

NELLY. Moyen très commode de vous justifier, et votre passion pour toutes ces dames ?

SAINT-EVREMOND. Une passion pour elles ! Allons donc !

NELLY. Quoi! lady Cleveland?...

SAINT-EVREMOND. Cleveland ! (*Il va pousser le ressort, les rideaux s'ouvrent, et l'on revoit les dames dans leurs cadres.*)

SCÈNE XVI.

LES MÊMES, LADY CLEVELAND, LADY RIVERS, LALY CHESTERFIELD, LA DUCHESSE DE PORTSMOUTH, MISS STUART, MISS WELLS'.

SAINT-EVREMOND, *désignant lady Cleveland.* Tenez ! voilà son portrait ! et, puisqu'il faut vous en convaincre, voici ce que je luis dis :

Air : *Je veux, si je suis compris.* (Paul Henrion.)

> Cleveland, aux yeux charmants,
> Si, dans mes égarements,
> Objet rempli d'agréments,
> Je vous fis de beaux serments,
> Combien quelques doux moments
> Me causèrent de tourments !
> Car vos trois autres amants
> Me servaient de suppléments.

LADY CLEVELAND, *à part.* Insolent !

NELLY. *à part.* Ce sont elles ! (*Haut.*) Oh ! oh ! et miss Stuart ?

SAINT-EVREMOND. Une furie vengeresse !

Suite de l'air.

> Stuart, croyez que ma constance
> Eût prolongé notre lien
> Si j'étais un Italien,
> Pour aimer surtout la vengeance !

MISS STUART, *à part.* Infâme !

NELLY. Ah ! ah ! mais, lady Rivers ?

SAINT-EVREMOND. Un serpent pour l'astuce... Elle cache à sa main droite ce qu'elle fait avec la gauche.

Suite de l'air

> Rivers, comment pour vos attraits
> Aurait pu durer ma tendresse !
> De vous on cite les beaux traits,
> Mais comme des traits de finesse.

LADY RIVERS, *à part.* Impertinent !

NELLY, *riant.* Ainsi, aucune... c'est impayable ! mais cependant, miss Wells !...

SAINT-EVREMOND. Bah ! une ingénue manquée !

MISS WELLS, *à part.* Traître !

NELLY. La duchesse de Portsmouth ?

SAINT-EVREMOND. Elle est si distraite, qu'elle ne s'en est pas aperçue... ni moi non plus.

LA DUCHESSE, *à part.* Traître !

NELLY. Et lady Cheeterfield ?

SAINT-EVREMOND. Elle ment toujours... j'ai voulu faire comme elle !

LADY CHESTERFIELD, *à part.* Effronté !

SAINT-EVREMOND.

Suite de l'air.

> Portsmouth, Wells, piquants minois,
> Mon cœur, sous vos tendres lois,
> Gémit l'espace d'un mois...
> A votre santé je bois.
> A la vôtre aussi je bois,
> Chesterfield, morceau de roi,
> Dont très humblement, ma foi,
> Je fus possesseur pour moi !
> Si je me montrais fanatique
> De vos visages, tour à tour,
> Ce ne fut jamais par amour,
> Ce fut toujours par politique.
> Il !me fallait, de Charles deux,
> Séduire toutes les maîtresses,
> Voilà le secret de mes feux
> Et le fin mot de mes tendresses.
> Au rôle de suborneur,
> Louis XIV en fureur
> Voua votre serviteur...
> J'ai voulu, pour mon honneur,
> Etre chaque fois vainqueur ;
> Car, hélas ! pour mon malheur,
> On m'a nommé séducteur
> Comme on nomme ambassadeur !

(*Il pose son verre sur la table.*)

TOUTES LES DAMES. Quelle horreur !

SAINT-EVREMOND. Que vois-je?.. Elles étaient là?..

NELLY. Je le savais.

TOUTES. Elles ont tout entendu.

NELLY. Tant mieux !

LADY CLEVELAND, *à Nelly.* Cette fois, vous êtes perdue. (*Quatre heures sonnent.*)

NELLY. Quatre heures ! Cette fois je suis sauvée, et je me sauve !

(*Elle sort en emportant se robe de magicienne. Les dames descendent de leurs cadres.*)

SCÈNE XVII.

SAINT-EVREMOND, LES DAMES DE LA COUR.

SAINT-EVREMOND. Et moi aussi.

(*Il va pour sortir, toutes les Dames l'entourent et lui barrent le passage.*)

CHŒUR.

Air des *Brodeuses de la Reine.*

> Perfide ! scélérat ! traître !
> Vous jouer ainsi de nous !
> Charles II va tout connaître
> Et vous montrer son courroux !

SAINT-EVREMOND, *à part.* Bloqué.

MISS STUART. Vengeance ! si nous avions des poignards.

' Miss W. lady R. lady Cl. St.-Ev. N. lady Ch. miss St. la duch.

' Lady Ch. la duch. miss St. St.-Ev. miss W. lady Cl. lady R.

LADY RIVERS. Nous avons des langues.

LADY CLEVELAND. Charles II saura tout.

SAINT-EVREMOND. Eh quoi ! Mesdames, vous seriez assez méchantes pour dévoiler mes fonctions diplomatiques au roi d'Angleterre ?... Vous voudriez me perdre, vous, miss Stuart ?

MISS STUART. J'aime tant la vengeance ! (*Elle remonte.*)

SAINT-EVREMOND. Vous, chère duchesse ?

LA DUCHESSE. Je suis si distraite, que je pourrais oublier malgré moi ce que je promettrais. (*Elle remonte.*)

SAINT-EVREMOND. Vous, milady Chesterfield ?

LADY CHESTERFIELD. Oh ! moi, je promettrais, que je mentirais ! (*Elle remonte.*)

SAINT-EVREMOND. Vous, miss Wells ?

MISS WELLS. Une ingénue manquée et capable de tout. (*Elle remonte.*)

SAINT-EVREMOND. Mais vous, divine Rivers, adorable Cleveland ?

LADY RIVERS. J'ai tant d'astuce ! mon pardon serait un piége ! (*Elle remonte.*)

LADY CLEVELAND. J'ai tant d'amants ! que m'importe un de moins ! (*Elle remonte.*)

SAINT-EVREMOND. Ah ! c'est comme ça , Mesdames !... eh bien ! allez me dénoncer au roi !

TOUTES. Oui, oui, allons. (*Fausse sortie.*)

SAINT-EVREMOND. Eh bien ! moi, je vous ferai toutes exiler !

TOUTES, *s'arrêtant.* Exiler !

SAINT-EVREMOND. Oui... car je lui prouverai que j'ai accompli ma mission en conscience... avec trop de conscience... et que vous êtes toutes mes complices...

TOUTES. Vos complices !

SAINT-EVREMOND. Oui, mes complices !... je m'en vante... A moi la Tour de Londres, c'est possible, mais à vous l'exil !

TOUTES, *redescendant* [*]. L'exil !

SAINT-EVREMOND. Surtout quand Charles II saura ce que lady Cleveland pense sur son caractère... ah ! vous me l'avez écrit, chère amie... Ce que lady Rivers m'a dit de son esprit, lady Chesterfield de son cœur, miss Wells de son étourderie, la duchesse...

LA DUCHESSE. Assez, assez, Marquis. (*Toutes les dames l'entourent.*)

LADY CLEVELAND. Ce n'est pas moi qui vous dénoncerai.

TOUTES [**]. Ni moi! ni moi!

SAINT-EVREMOND, *à part.* A merveille ! Empêcher six femmes de parler... voilà un prodige !

[*] St.-Ev. la duch. lady Ch. miss St. miss W. lady Cl. lady R.

[**] Lady Ch. la duch. miss St. St.-Ev. miss W. lady Cl. lady R.

SCÈNE XVIII.

LES MÊMES, LADY MAC GRÉGOR, *les deux pages entrent et emportent la table.*

LADY MAC GRÉGOR, *entrant vivement*. Où est le Français ? où est le traître ?

TOUS. Lady Mac Grégor !

LADY MAC GRÉGOR. Moi-même ! « Le marquis de Saint-Evremond va aller à la Tour de Londres ! » s'est écrié Sa Majesté...

SAINT-EVREMOND. Il paraît que c'est décidément ma destination... mais je puis encore me sauver... en me sauvant... J'ai l'honneur de vous saluer, mes nobles dames. (*Il va pour sortir et rencontre Briquet qui entre.*)

SCÈNE XIX.

LES MÊMES, BRIQUET.

BRIQUET [*]. Monsieur le Marquis, votre épée... Au nom du roi de France, veuillez me suivre !

SAINT-EVREMOND. Sous les lambris hospitaliers de la Bastille ?

BRIQUET. Oui, Monsieur, car Charles II est parti à votre place avec Nelly.

TOUTES LES DAMES. Avec Nelly !

SAINT-EVREMOND. Le roi me prend ma place... quand je voulais lui prendre la sienne !...

LADY MAC GRÉGOR, *poussant un cri*. Sur le trône ?...

SAINT-EVREMOND. Non, milady... dans une voiture fermée... et dans un cœur ouvert !

LADY MAC GRÉGOR , *à Briquet.* Et c'est Nelly, dites-vous ?

BRIQUET. Quand je vous dis que je l'ai vue.. que je l'ai reconnue à son costume de magicienne !

SCÈNE XX.

LES MÊMES, NELLY [***].

NELLY , *entrant.* Vous aviez la berlue, mon brave homme, car me voilà !

TOUS. Nelly !

BRIQUET. Nelly ici !

NELLY. Sans doute, puisque je n'étais pas là-bas.

BRIQUET. Alors... il y a donc de la magie dans ce costume de magicienne ! et qui donc est parti avec le roi ?

NELLY. La nouvelle favorite.

TOUS. Que dit-elle ?

NELLY. La vérité, quoique nous soyons à la cour.

[*] Lady Ch. la duch. miss St. lady M. St.-Ev. miss W. lady Cl. lady R.

[**] Lady Ch. la duch. miss St. lady M. B. St.-Ev. miss W. lady Cl. lady R.

[***] La duch. lady Ch. miss St. M. B. N. St-Ev. miss W. lady Cl. lady R.

Air de *Renaudin de Caen*.

Femmes de ducs et de barons,
Vous allez crier au scandale,
Car, ma conduite est très morale,
Quoique leste de cent façons,
Au roi vous avez osé dire,
Que j'attendais Saint-Evremont
Dans le parc... et Charles en délire
Accourait pour voir son affront...
J'ai connu son intention,
Et par souvenir d'un service,
J'ai fait mettre à ma bienfaitrice
Mon costume d'occasion.
Elle s'est rendue à ma place
Près du roi dans l'obscurité ;
Et je prétends que ma disgrâce
Soit le prix de sa charité.
Car la dame dans ce mystère
N'avait pas d'amour illégal.
C'était la reine d'Angleterre,
Catherine de Portugal !

TOUS.

La reine !
Quoi! la dame dans ce mystère! etc,

SAINT-EVREMONT, *à part*. Voilà donc à quoi aura servi cette fois ma voiture aux solutions !

LADY CLEVELAND. Entendez-vous, Mesdames ? le roi qui revient à sa femme !

LADY RIVERS. Comme c'est bourgeois !

LADY MAC GRÉGOR. Mon élève devait finir par aimer la vertu !

NELLY. Oui, Mesdames, grâce à moi et au barbier de la reine, qui aura aidé le roi à quelque chose... à vous faire la...

LADY MAC GRÉGOR. La barbe.

NELLY. Et maintenant que j'ai joué mon rôle à la cour, je retourne au théâtre... Mesdames, votre servante... Marquis, votre amie.

SAINT-EVREMOND, *après avoir baisé la main que lui tend Nelly*. Briquet, ma mission est finie, et la tienne aussi. Louis XIV, c'est-à-dire le soleil, ne voudra plus me mettre à l'ombre, et la fidélité de Charles II me paraît garantie.

LADY MAC GRÉGOR, *à part*. J'aime mieux me fier à celle de mon king Charles.

CHŒUR.

Air de *contredanse*.

Pour la cour,
C'est un beau jour !
Vive la reine,
La souveraine !
Pour la cour
C'est un beau jour !
Car l'hymen s'unit à l'amour !

NELLY, *au Public*.

Air nouveau de M. J. Narjeot.

Favorite
D'un galant roi
Sollicite
Près de vous pareil emploi
Quand elle aspire
A ce doux nom,
Allez-vous lui dire :
Non.

CHŒUR.

Pour la cour, etc.

FIN.

LAGNY. — Imprimerie de GIROUX et VIALAT.